U0105018

# 古典文獻研究輯刊

## 三六編

潘美月・杜潔祥 主編

# 第34冊

## 清代散見戲曲史料彙編（筆記卷・二編）（第一冊）

趙興勤、葉天山、趙韡 著

國家圖書館出版品預行編目資料

清代散見戲曲史料彙編（筆記卷・二編）（第一冊）／趙興勤、
葉天山、趙韡 著 -- 初版 -- 新北市：花木蘭文化事業有限公
司，2023〔民 112〕
目 34+152 面；19×26 公分
（古典文獻研究輯刊 三六編；第 34 冊）
ISBN 978-626-344-292-4（精裝）
1.CST：戲劇史 2.CST：史料 3.CST：清代
011.08                                    111022062

ISBN-978-626-344-292-4

古典文獻研究輯刊
三六編 第三四冊            ISBN：978-626-344-292-4

清代散見戲曲史料彙編（筆記卷・二編）
（第一冊）

作　　者　趙興勤、葉天山、趙韡
主　　編　潘美月、杜潔祥
總 編 輯　杜潔祥
副總編輯　楊嘉樂
編輯主任　許郁翎
編　　輯　張雅淋、潘玟靜　美術編輯　陳逸婷
出　　版　花木蘭文化事業有限公司
發 行 人　高小娟
聯絡地址　235 新北市中和區中安街七二號十三樓
　　　　　電話：02-2923-1455／傳真：02-2923-1452
網　　址　http://www.huamulan.tw 信箱 service@huamulans.com
印　　刷　普羅文化出版廣告事業
初　　版　2023 年 3 月
定　　價　三六編 52 冊（精裝）新台幣 140,000 元

版權所有・請勿翻印

# 清代散見戲曲史料彙編（筆記卷・二編）（第一冊）

趙興勤、葉天山、趙韡 著

## 作者簡介

趙興勤，1949 年生，江蘇沛縣人，江蘇師範大學文學院教授。在國內外出版學術著作《中國早期戲曲生成史論》《莊一拂〈古典戲曲存目彙考〉補正》《曲寄人情：話說李玉》《清代散見戲曲史料研究》《清代散見戲曲史料彙編》（已出 5 編，凡 14 冊）《江蘇梆子戲史論》《中國古典戲曲小說考論》《古代小說與傳統倫理》《理學思潮與世情小說》《話說〈封神演義〉》《趙翼評傳》《江蘇歷代文化名人傳·趙翼》《趙翼年譜長編》（全 5 冊）《趙翼研究資料彙編》（上、下冊）《元遺山研究》《古典文學作品鑒賞集》等 30 餘種，主編、參編著作 50 餘種，發表論文 250 餘篇。主持國家社科基金項目 3 項、國家社科基金藝術學重大項目子課題 1 項，獲得過教育部高等學校科學研究優秀成果獎（人文社會科學）、江蘇省哲學社會科學優秀成果一等獎、二等獎（4 項）、三等獎、江蘇省普通高等學校優秀教學成果一等獎等重要獎項。

葉天山，1980 年生，江蘇常州人，華東師範大學文學博士，現執教於洛陽師範學院文學院。攻讀碩士學位時，師從趙興勤教授，以元明清文學為研治重點。2006 年以來，在省級以上學術刊物發表論文 30 餘篇，代表作有《〈明史·樂志〉纂修考》《〈歷代曲話彙編〉（唐宋元明編）正補》《明代曲學文獻刻抄述論》《金曲的範圍與金散曲訂例》等。出版《子不語譯注》（上海三聯書店 2014 年版）、《陳森〈梅花夢傳奇〉箋注》（中國社會科學出版社 2019 年版），發表舊體詩《洛浦屐痕》《思往日》《詩三首》及文言小說《金山寺》等。主持或參與教育部、省廳及地市級科研項目 6 項，曾獲上海市戲曲學會評選的優秀論文獎（2013）、河南省素質教育理論與實踐優秀教育教學獎（2010）、高校骨幹教師培訓證書（2017）等。

趙韡，1981 年生，江蘇沛縣人，現任徐州市醫療保障局辦公室主任、高級經濟師、特聘研究員。大學二年級開始發表論文，迄今已有百餘篇，散見於《文獻》《民族文學研究》《戲曲研究》《南大戲劇論叢》《藝術百家》《明清小說研究》《讀書》《中國語言文學研究》《晉陽學刊》《東南大學學報》《中華詩詞》《中國社會科學報》及《歷史月刊》（臺灣）、《書目季刊》（臺灣）、《國文天地》（臺灣）、《戲曲研究通訊》（臺灣「中央」大學）、《澳門文獻信息學刊》（澳門）等學術刊物。已出版的學術著作有《近古文學叢考》《元曲三百首》《江蘇梆子戲史論》等 8 種（凡 17 冊），另參編（撰）《元曲鑒賞辭典》《現代學案選粹》等 8 種。代表作獲江蘇省第十五屆哲學社會科學優秀成果二等獎（2018）、江蘇省高校第九屆哲學社會科學研究優秀成果二等獎（2014）。合作負責國家社科基金後期資助項目《錢南揚學術年譜》（項目批準號：16FZW038），參與國家社科基金藝術學重大項目《新中國成立 70 周年中國戲曲史（江蘇卷）》（項目批準號：19ZD05）。

## 提　要

　　清代戲曲價值大而研究者少，下筆易而突破難，關鍵問題是研究資料的難以搜訪。盡管經過眾多學者的不懈努力，資料搜集工作已取得一些成果，但相對清代戲曲史料尤其是散見戲曲史料的總量而言，卻還是相對有限，仍難以滿足研究者的需要。鑒於此，本書編者承前賢時彥之餘緒，計劃編纂一套《清代散見戲曲史料彙編》，分為「詩詞卷」「方志卷」「筆記卷」「小說卷」「詩話卷」「尺牘卷」「日記卷」「文告卷」「圖像卷」等。目前已出版五編（凡 14 冊），餘下將依次推出，以期對清代戲曲的整體研究有所助推。本編從清代 130 餘種筆記中鉤稽出900 餘則與戲曲史相關之史料，涉及各色伶人 280 餘人、各類性質的戲班六七十家、各類劇目四五百種，為研究戲曲演出史嬗變的絕佳史料。本編所輯散見戲曲史料的學術價值，主要體現在如下幾個方面：一是史料所反映的戲曲生態。明、清時期，戲曲藝術對現實生活的滲透體現在方方面面，各個社會階層都有戲曲的狂熱追捧者。二是史料所載戲曲聲腔的競相稱勝。涉及的戲曲，除宋、金、元雜劇（或院本）外，主要有弋陽腔、四平腔、昆腔、弋腔、西腔、秦腔、亂彈、二黃（或皮黃）、梆子、花鼓、落子、影戲等。花雅爭勝之狀，藉此可窺得一斑。三是史料所載稀見劇目。史料載有不少稀見劇目，如《宋龍圖》《梅玉簪》《三溪記》《陰陽鬥》《雙合印》《肉蒲團》《花關索》《奪女擇配》《姚秋坪破奇案》《蕊珠記》《古玉杯》《再誤緣》等，這為我們考證劇目存佚提供了直接證據。其他一些地方戲劇目，為各家書目漏收者亦不在少數，如《夜觀星象》《夜困曹府》《柴房相會》《花園跑馬》《祭奠項良》《李仙附薦》《金花報喜》《三婦氣夫》《法場換子》《王大儒供狀》《司馬師搜魏宮》等。四是史料涉及場上演出者甚多，除鄉村花鼓戲之類的地方小戲外，對北京、上海、天津、廣州、南京等地伶人的戲曲活動及場上演出狀況均有載述。需要特別說明的是，清代一些筆記體戲曲論著，如焦循《劇說》、李調元《雨村曲話》《雨村劇話》、吳長元《燕蘭小譜》、楊懋建《夢華瑣簿》等，由於已成專書，不合本書「散見」的體例，且已有《清代燕都梨園史料》《中國古典戲曲論著集成》《歷代曲話彙編》等多部著作收錄，故本編不再收入。

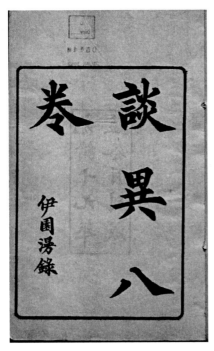

圖 1：清光緒十九年刊八卷
木活字本《談異》書名頁

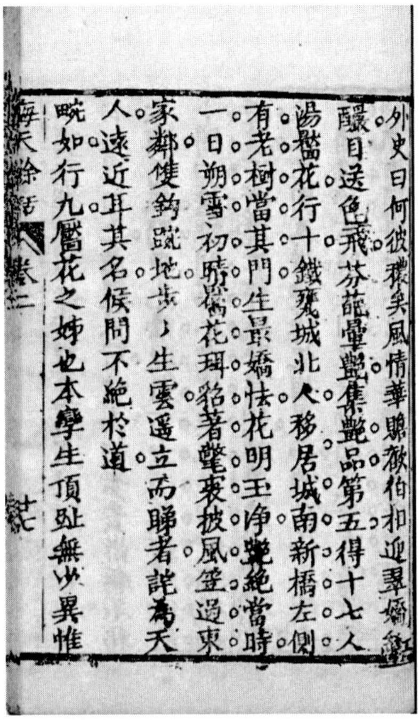

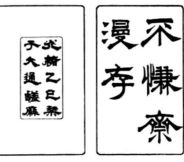

圖 2：日本內閣文庫藏四卷本
《海天餘話》內頁

官起行于途遇江甯趙同知當塗知縣帶到太平隨到江甯

南京太子

烈皇帝三子太子年十六歲定王永王俱十三歲甲申三月十九日昧旦太子雜宮人走叩周奎府門閽者以奎臥不時起不肯通轉匿內閣外舍李自成入京大索得之定王避民間自成又索得之惟永王無聞焉乃太子初見自成廷立不為禮自成厲聲詰責曰若父皇何在太子曰崩於南宮矣自成復曰汝家何以失天下太子曰我何知百官當知之自成不能屈霽色曰汝父在者吾能尊養之太子復曰何不殺我自成曰汝無罪太子曰若是則速以禮葬我父皇母后百官無義且必朝賀矣自成命太子同坐飲食太子不食送權將軍劉宗敏營護視之已而封太子為宋王定王為定安公自成東出人見太子馬啣尾隨後而定王先日隨闖將出京過通州馬上失一履有人拾而進王伸足受之且問軍乎民乎拾者以民對太子曰軍則我食者民則苦征徭何德及汝其人泣太子亦泣謝之自成戰敗而還攜定王至潼關獨

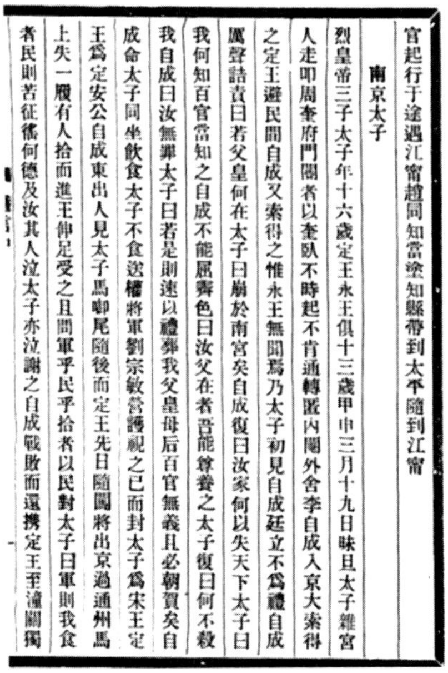

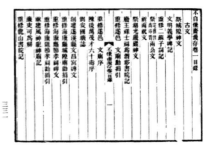

圖 3：《古學彙刊》所收三卷本
《纖言》正文

圖 4：《清代詩文集彙編》所收十二
卷本《不慊齋漫存》卷首

# 目

# 次

**第一冊**

前　圖

前　言 ································································· 1

說　明 ································································· 25

孫承澤 ································································ 27

　考勞酒 ····························································· 27

談遷 ·································································· 29

　演劇祝釐* ·························································· 29

　賽神* ······························································ 29

　演《麒麟罽》* ······················································ 29

　梨園赴東嶽廟* ······················································ 30

　觀劇* ······························································ 30

　演《浣紗記》* ······················································ 30

　王介人傳 ··························································· 30

　王斤 ······························································· 31

　崔青蚓 ····························································· 31

　李蓑 ······························································· 31

　鄭之文 ····························································· 31

祁彪佳 ……………………………………………… 32

　伶人馬錦 ………………………………………… 32

　朝饗 ……………………………………………… 32

　丁耀亢 …………………………………………… 32

　伶人 ……………………………………………… 34

馮班 ………………………………………………… 35

　南曲多借音* …………………………………… 35

　周德清分韻* …………………………………… 35

王崇簡 ……………………………………………… 37

　傳奇溷亂* ……………………………………… 37

　籍田歌章* ……………………………………… 37

吳偉業 ……………………………………………… 39

　福王上 …………………………………………… 39

　福王下 …………………………………………… 40

　馬阮始末 ………………………………………… 40

　唐王 ……………………………………………… 40

　桂王上 …………………………………………… 40

黃向堅 ……………………………………………… 41

　黃孝子尋親紀程提要 …………………………… 41

　黃孝子尋親紀程序（胡周鼏撰）……………… 41

　黃孝子尋親紀程序（李楷撰）………………… 43

　黃孝子尋親紀程 ………………………………… 43

　黃孝子尋親紀程（滇還日記）………………… 51

　黃孝子尋親紀程（附傳）……………………… 59

　黃孝子滇南尋親圖冊 …………………………… 63

　黃端木岵屺圖冊（紙本）……………………… 64

　跋 ………………………………………………… 67

　書黃孝子尋親紀程後 …………………………… 67

陸世儀 ……………………………………………… 69

　《綠牡丹》傳奇* ……………………………… 69

陸圻 ………………………………………………… 71

　南京太子 ………………………………………… 71

　　酒色串戲 ……………………………………………… 71

　　迎清出狩 ……………………………………………… 72

余懷 ……………………………………………………… 73

　　顧媚* ………………………………………………… 73

吳綺 ……………………………………………………… 75

　　九曲池 ………………………………………………… 75

　　淳于棼宅 ……………………………………………… 75

陸壽名 …………………………………………………… 77

　　王陽明 ………………………………………………… 77

　　楊用修 ………………………………………………… 77

　　呂蒙正廉儉 …………………………………………… 78

　　呂蒙正器量 …………………………………………… 78

　　姚牧庵 ………………………………………………… 78

　　王世貞 ………………………………………………… 79

　　嫁娶奇合 ……………………………………………… 79

　　王梅溪 ………………………………………………… 79

　　優人評詞 ……………………………………………… 80

計六奇 …………………………………………………… 81

　　馬士英特舉阮大鋮 …………………………………… 81

　　朝政濁亂（初六日） ………………………………… 81

　　韓贊周泣對 …………………………………………… 82

　　聲色 …………………………………………………… 82

　　五月紀略 ……………………………………………… 82

　　弘光出奔 ……………………………………………… 82

　　趙監生立太子 ………………………………………… 82

　　十八日己亥 …………………………………………… 82

　　祁彪佳赴池水 ………………………………………… 83

　　王思任請斬馬士英疏 ………………………………… 84

　　思任又上士英書 ……………………………………… 85

　　余煌赴水 ……………………………………………… 85

　　李成棟歸明 …………………………………………… 85

　　郎廷佐大敗鄭成功 …………………………………… 86

臺灣復啟（附記孔文舉事）………………………………86
遼陽陷（附記遼事）………………………………………86
張獻忠圍桐城…………………………………………………87
歲饑…………………………………………………………87
諸臣投職名……………………………………………………87
李自成入大明門………………………………………………87

毛奇齡……………………………………………………………89
武宗逸樂*……………………………………………………89
沈雲英傳*……………………………………………………90

董含………………………………………………………………93
傳奇假託……………………………………………………93
李笠翁………………………………………………………93
女怪…………………………………………………………94
伶人被刺……………………………………………………94
才子書………………………………………………………94

王士禛……………………………………………………………95
升菴故第*……………………………………………………95
兩旦雅好*……………………………………………………96

宋犖………………………………………………………………97
《西樓記》*…………………………………………………97

田雯………………………………………………………………99
馬伶粉本……………………………………………………99

褚人獲……………………………………………………………101
姚學士………………………………………………………101
鄭元和行乞圖………………………………………………101
阿醜…………………………………………………………102
陶穀詞………………………………………………………102
女狀元………………………………………………………102
孫汝權………………………………………………………103
《琵琶記》辨………………………………………………103
致曲…………………………………………………………103
誕日優語……………………………………………………104

高明善對 …………………………………………… 104

弄參軍 ……………………………………………… 104

優伶子弟 …………………………………………… 105

中原音韻 …………………………………………… 105

曲牌名詩 …………………………………………… 106

與妓下火文 ………………………………………… 106

佳人集曲名 ………………………………………… 106

梅嘉慶傳 …………………………………………… 106

三友傳 ……………………………………………… 109

召乩演戲 …………………………………………… 112

戲臺對聯 …………………………………………… 112

優人諧戲 …………………………………………… 112

《西樓記》 ………………………………………… 112

金優 ………………………………………………… 113

楊升庵【黃鶯兒】 ………………………………… 113

俞君宣詞曲 ………………………………………… 113

沈荀蔚 ………………………………………………… 115

演傳奇侑酒* ……………………………………… 115

曹家駒 ………………………………………………… 117

紀陳眉公 …………………………………………… 117

《雙真記》 ………………………………………… 118

《擲杯記》 ………………………………………… 118

范文若為陸姓子之疑案 …………………………… 119

顏佩韋 ……………………………………………… 119

翁洲老民 ……………………………………………… 121

王思任 ……………………………………………… 121

艾衲居士 ……………………………………………… 123

范少伯水葬西施 …………………………………… 123

朝奉郎揮金倡霸 …………………………………… 123

藩伯子散宅興家 …………………………………… 123

虎丘山賈清客聯盟 ………………………………… 124

王家禎 ………………………………………………… 125

祁彪佳聲威* ……………………………… 125

作劇詆科場舞弊* ………………………… 125

婁東王氏* ………………………………… 126

**蒲松齡** ………………………………… 127

林四娘 …………………………………… 127

商三官 …………………………………… 127

李司鑒 …………………………………… 128

羅剎海市 ………………………………… 128

鼠戲 ……………………………………… 128

木雕美人 ………………………………… 128

霍女 ……………………………………… 129

顧生 ……………………………………… 129

鳳仙 ……………………………………… 129

張貢士 …………………………………… 129

劉夫人 …………………………………… 130

樂仲 ……………………………………… 130

桓侯 ……………………………………… 130

**高士奇** ………………………………… 131

樂成殿 …………………………………… 131

玉熙宮 …………………………………… 131

賜宴陳百戲* ……………………………… 132

巾舞 ……………………………………… 132

邵半江 …………………………………… 132

玉蓮 ……………………………………… 132

勾闌 ……………………………………… 133

滑稽 ……………………………………… 133

揭調 ……………………………………… 133

六么 ……………………………………… 133

入破 ……………………………………… 133

白翎雀 …………………………………… 133

**鈕琇** …………………………………… 135

憤僧投池 ………………………………… 135

樵隱 ⋯⋯⋯⋯⋯⋯⋯⋯⋯⋯⋯⋯⋯⋯⋯⋯⋯⋯⋯⋯ 136

張麗人 ⋯⋯⋯⋯⋯⋯⋯⋯⋯⋯⋯⋯⋯⋯⋯⋯⋯⋯⋯ 136

圓圓 ⋯⋯⋯⋯⋯⋯⋯⋯⋯⋯⋯⋯⋯⋯⋯⋯⋯⋯⋯⋯ 136

文章有本 ⋯⋯⋯⋯⋯⋯⋯⋯⋯⋯⋯⋯⋯⋯⋯⋯⋯ 137

首尾限字體 ⋯⋯⋯⋯⋯⋯⋯⋯⋯⋯⋯⋯⋯⋯⋯ 137

英雄舉動 ⋯⋯⋯⋯⋯⋯⋯⋯⋯⋯⋯⋯⋯⋯⋯⋯⋯ 138

吳儀一 ⋯⋯⋯⋯⋯⋯⋯⋯⋯⋯⋯⋯⋯⋯⋯⋯⋯⋯⋯⋯ 141

三婦評《牡丹亭》雜記 ⋯⋯⋯⋯⋯⋯⋯⋯ 141


**第二冊**

邵廷采 ⋯⋯⋯⋯⋯⋯⋯⋯⋯⋯⋯⋯⋯⋯⋯⋯⋯⋯⋯⋯ 151

桂王 ⋯⋯⋯⋯⋯⋯⋯⋯⋯⋯⋯⋯⋯⋯⋯⋯⋯⋯⋯⋯ 151

李成棟 ⋯⋯⋯⋯⋯⋯⋯⋯⋯⋯⋯⋯⋯⋯⋯⋯⋯⋯ 151

張潮 ⋯⋯⋯⋯⋯⋯⋯⋯⋯⋯⋯⋯⋯⋯⋯⋯⋯⋯⋯⋯⋯ 153

小青傳 ⋯⋯⋯⋯⋯⋯⋯⋯⋯⋯⋯⋯⋯⋯⋯⋯⋯⋯ 153

柳敬亭傳（吳偉業梅村）⋯⋯⋯⋯⋯⋯⋯ 156

九牛壩觀抵戲記（彭士望達生）⋯⋯ 158

馬伶傳（侯方域朝宗）⋯⋯⋯⋯⋯⋯⋯⋯ 160

冒姬董小宛傳（張明弼公亮）⋯⋯⋯⋯ 160

寄暢園聞歌記（余懷澹心）⋯⋯⋯⋯⋯ 161

五人傳（吳肅公晴岩）⋯⋯⋯⋯⋯⋯⋯⋯ 162

沈孚中傳（陸次云云士）⋯⋯⋯⋯⋯⋯⋯ 164

曼殊別志書磚（毛奇齡大可）⋯⋯⋯⋯ 165

李姬傳（侯方域朝宗）⋯⋯⋯⋯⋯⋯⋯⋯ 165

因樹屋書影（周亮工緘齋）⋯⋯⋯⋯⋯ 166

戴名世 ⋯⋯⋯⋯⋯⋯⋯⋯⋯⋯⋯⋯⋯⋯⋯⋯⋯⋯⋯ 167

阮大鋮用事* ⋯⋯⋯⋯⋯⋯⋯⋯⋯⋯⋯⋯⋯⋯ 167

金陵面具* ⋯⋯⋯⋯⋯⋯⋯⋯⋯⋯⋯⋯⋯⋯⋯ 167

崑腔* ⋯⋯⋯⋯⋯⋯⋯⋯⋯⋯⋯⋯⋯⋯⋯⋯⋯⋯ 167

周思仁 ⋯⋯⋯⋯⋯⋯⋯⋯⋯⋯⋯⋯⋯⋯⋯⋯⋯⋯⋯ 169

金聖歎 ⋯⋯⋯⋯⋯⋯⋯⋯⋯⋯⋯⋯⋯⋯⋯⋯⋯⋯ 169

居家門 ⋯⋯⋯⋯⋯⋯⋯⋯⋯⋯⋯⋯⋯⋯⋯⋯⋯⋯ 169

廣戒門 ⋯⋯⋯⋯⋯⋯⋯⋯⋯⋯⋯⋯⋯⋯⋯⋯⋯⋯ 169

徐昂發 …………………………………………………………… 171
　漢大儺侲子和辭 ……………………………………………… 171
　河滿子 ………………………………………………………… 171
　叁搰 …………………………………………………………… 172
　度曲 …………………………………………………………… 172
郎廷極 …………………………………………………………… 173
　促拍催酒 ……………………………………………………… 173
　拋球樂 ………………………………………………………… 173
　舞鬍子 ………………………………………………………… 173
張廷玉 …………………………………………………………… 175
　觀劇徒費* ……………………………………………………… 175
王應奎 …………………………………………………………… 177
　徐復祚* ………………………………………………………… 177
　虬鬚客* ………………………………………………………… 177
　虞山二絕* ……………………………………………………… 178
　金人瑞* ………………………………………………………… 178
　詞曲不可入詩* ………………………………………………… 178
　作詩毋採曲語* ………………………………………………… 178
　演《長生殿》* ………………………………………………… 179
　服御類優 ……………………………………………………… 179
姚世錫 …………………………………………………………… 181
　凌義渠* ………………………………………………………… 181
　談九乾* ………………………………………………………… 181
　費金吾* ………………………………………………………… 182
　張韜子嗣* ……………………………………………………… 182
徐昆 ……………………………………………………………… 185
　紀夢 …………………………………………………………… 185
　千金買笑 ……………………………………………………… 185
厲鶚 ……………………………………………………………… 187
　洪稗畦 ………………………………………………………… 187
　瓦子巷 ………………………………………………………… 188
吳陳琰 …………………………………………………………… 189

　　崔鶯鶯銘石 ……………………………………………189

　　兩解元演劇 ……………………………………………189

　　墳內奏樂 ………………………………………………190

張宗櫺 ……………………………………………………191

　　蔡松年 …………………………………………………191

　　顧德輝 …………………………………………………191

　　陶宗儀 …………………………………………………192

　　喬吉 ……………………………………………………192

朱琰 ………………………………………………………193

　　陶畫名* ………………………………………………193

　　嘉靖窯陶器* …………………………………………193

袁枚 ………………………………………………………195

　　山西王二 ………………………………………………195

　　李香君薦卷 ……………………………………………196

　　蔣文恪公說二事 ………………………………………196

　　斧斷狐尾 ………………………………………………196

　　土地奶奶索詐 …………………………………………197

　　夢乞兒煮狗 ……………………………………………197

　　真龍圖變假龍圖 ………………………………………197

　　地藏王接客 ……………………………………………197

　　冤鬼戲臺告狀 …………………………………………197

　　藍頂妖人 ………………………………………………198

　　吳髯 ……………………………………………………198

　　木姑娘墳 ………………………………………………199

　　莊明府 …………………………………………………199

　　山娘娘 …………………………………………………199

　　楊笠湖救難 ……………………………………………199

　　銅人演《西廂》 ………………………………………200

　　鼠作揖黃鼠狼演戲 ……………………………………200

潘榮陛 ……………………………………………………201

　　上元 ……………………………………………………201

　　歲時雜戲 ………………………………………………201

惜字會 ································· 202

天仙廟 ································· 202

九皇會 ································· 202

夜八齣 ································· 202

蹵鞠 ································· 202

紀昀 ································· 205

演劇至曉* ································· 205

借戲衣惑人* ································· 205

觀劇被斥* ································· 206

梨園* ································· 206

會館演劇* ································· 206

關帝祠戲樓* ································· 206

方俊官* ································· 206

傳奇中之佳人* ································· 207

假戲衣懲道士* ································· 207

觀劇中惡* ································· 208

擅場心法* ································· 208

學童扮戲* ································· 208

戲偶成精* ································· 209

觀傀儡戲* ································· 209

扮錢玉蓮者中邪* ································· 209

木偶演劇* ································· 210

傳奇之資* ································· 210

聞度《牡丹亭》* ································· 211

演三國戲於呂城* ································· 211

場上土地樣貌* ································· 211

董曲江題戲臺額* ································· 212

蔡中郎乞受祭* ································· 212

阮葵生 ································· 213

教坊司 ································· 213

鬼神 ································· 213

《長生殿》事件 ································· 214

強記法 ·············································· 214

優伶之禁 ·········································· 214

《繡襦記》 ········································· 214

《琵琶記》 ········································· 215

王曾 ·················································· 215

《殺狗記》 ········································· 215

呂蒙正 ·············································· 215

水戲 ·················································· 215

元曲 ·················································· 216

金鳳 ·················································· 216

《荊釵記》 ········································· 216

《遊春記》 ········································· 216

上唐梯 ·············································· 216

靳輔治河之議 ···································· 216

趙翼 ······················································ 219

王良* ················································ 219

河套 ·················································· 219

李文藻 ················································· 221

觀劇場所* ········································· 221

徐承烈 ················································· 223

《一捧雪》本事* ······························ 223

寓意《琵琶記》* ······························ 224

附會《牡丹亭》* ······························ 224

演《鳴鳳記》* ·································· 224

青藤書屋* ········································· 225

《牡丹亭》三婦評本之偽* ·············· 225

李調元 ················································· 227

升菴* ················································ 227

簡紹芳* ············································· 228

楊慎著述* ········································· 228

楊夫人曲* ········································· 229

方響* ················································ 230

梨園歌詩* ……………………………………………… 230

楊慎事蹟* ……………………………………………… 230

五月五日 ……………………………………………… 236

## 沈初 …………………………………………………… 237

大帽* …………………………………………………… 237

## 陸雲錦 ………………………………………………… 239

優人不避諱 …………………………………………… 239

假面 …………………………………………………… 239

梁山伯祝英臺 ………………………………………… 240

明人演戲多扮近事 …………………………………… 240

蘇州擊閹不始於顏佩韋 ……………………………… 240

閣老餅 ………………………………………………… 241

## 長白浩歌子 …………………………………………… 243

白衣庵 ………………………………………………… 243

蘇緒 …………………………………………………… 243

白雲叟 ………………………………………………… 244

鏡兒 …………………………………………………… 244

翠微娘子 ……………………………………………… 244

女南柯 ………………………………………………… 244

盧京 …………………………………………………… 245

## 和邦額 ………………………………………………… 247

李翹之 ………………………………………………… 247

倩霞 …………………………………………………… 247

某掌班 ………………………………………………… 247

霍筠 …………………………………………………… 248

秀姑 …………………………………………………… 248

## 錢德蒼 ………………………………………………… 249

陰教四言佳語 ………………………………………… 249

對玉環帶清江引 ……………………………………… 249

小青詩 ………………………………………………… 250

玉堂巧對 ……………………………………………… 250

集成戲目七言絕句〔律〕四首 ……………………… 250

天干地支謎 ……………………………………251

曲牌名 ………………………………………251

袁籜庵軍字黃鶯兒 ………………………………251

屠赤水 ………………………………………251

謙和類　附「含忍」 ………………………………252

詼諧類 ………………………………………252

澹雅風流類 …………………………………252

劉達生與余集生書 ………………………………253

**遊戲主人** ……………………………………255

看戲 …………………………………………255

演戲 …………………………………………255

**戴璐** ………………………………………257

司官曲* ………………………………………257

觀劇落職* ……………………………………259

京師戲館* ……………………………………259

京腔六大班* …………………………………259

方蘭如* ………………………………………259

檔子* …………………………………………260

方壺齋* ………………………………………260

**沈赤然** ……………………………………261

侑酒俗尚* ……………………………………261

**溫汝適** ……………………………………263

談三 …………………………………………263

狀元姚萊 ……………………………………263

鄉場事五條 …………………………………264

虎拆家 ………………………………………264

酆都府 ………………………………………264

張燮理 ………………………………………265

屠赤水 ………………………………………265

尚鎰 …………………………………………266

失火酬神 ……………………………………266

貞節婦 ………………………………………266

北虎青衛 …………………………………… 266
高某 ………………………………………… 267
許元仲 ……………………………………… 269
醉死 ………………………………………… 269
盜名出入有冥報 …………………………… 269
陳湧金案 …………………………………… 269
楊花救主 …………………………………… 271
惲敬 ………………………………………… 273
《琵琶記》引杖刑* ……………………… 273
倡優名班之始* …………………………… 273
妲與旦* …………………………………… 273
清音* ……………………………………… 274
鄭府君非恒* ……………………………… 274
黃幡綽墓* ………………………………… 274
宋永岳 ……………………………………… 275
測字 ………………………………………… 275
優人 ………………………………………… 276
伶人 ………………………………………… 276
金聖歎 ……………………………………… 276
珠泉居士 …………………………………… 279
女優* ……………………………………… 279
《雙珠記》* ……………………………… 279
王秀瑛* …………………………………… 280
張玉秀* …………………………………… 280
謝玉* ……………………………………… 280
徐二寶* …………………………………… 280
工劇女伶* ………………………………… 280
丁字簾* …………………………………… 281
《千金笑》* ……………………………… 281
潘嫗三子* ………………………………… 281
趙慎畛 ……………………………………… 283
制定樂章 …………………………………… 283

　　喪葬循禮 ···················································· 283

　　常朝樂章 ···················································· 283

　　館臣瞻對天顏 ················································ 284

樂鈞 ···························································· 285

　　方比部 ······················································ 285

　　黃衣丈夫 ···················································· 285

　　廬山怪 ······················································ 286

　　陶金鈴 ······················································ 286

吳德旋 ·························································· 289

　　徐石麒* ···················································· 289

　　溫菖觀戲* ·················································· 289

　　徐大椿* ···················································· 290

程岱葊 ·························································· 291

　　廉使擇配 ···················································· 291

　　花面僧 ······················································ 291

　　李公奴 ······················································ 293

　　潘宮保 ······················································ 293

　　荔支 ························································ 293

　　崔生 ························································ 294

　　符童 ························································ 294

　　落籍 ························································ 294

　　社神 ························································ 294

　　辟邪略 ······················································ 295

　　還難婦 ······················································ 295

尹元煒 ·························································· 297

　　尹士龍禁習優* ·············································· 297

王端履 ·························································· 299

　　會戲* ······················································ 299

　　演劇試神* ·················································· 299

　　徐天池撰聯* ················································ 299

## 第三冊

車持謙 ·························································· 301

史五福、四壽···································301

張繡琴·····································301

趙三福·····································301

陳小鳳·····································301

王朝霞*····································302

雛鬟演劇*···································302

清音與大戲*··································302

馬上戳*····································302

跳槽*······································302

觀百戲*····································303

《繡荷包》新調*·······························303

觀劇嫌隙*···································303

河樓絮別*···································303

吳熾昌·····································305

無真叟·····································305

難女······································305

語怪······································305

唐詞林·····································306

權閻羅王····································306

張廉訪·····································306

鬼孝子·····································306

王培荀·····································307

李調元*····································307

楊慎*······································307

石韞玉*····································308

楊潮觀*····································308

雪蓑道人*···································308

雨村誤會柳泉*·································309

錢忻和*····································309

雅俗甕*····································310

秦良玉*····································310

蔣派*······································310

雙慶班* ································································· 311

升菴辨蘭* ····························································· 311

升菴故宅* ····························································· 311

相如琴臺* ····························································· 311

李開先* ································································· 312

蒲松齡* ································································· 312

趙執信* ································································· 314

禰衡籍里* ····························································· 314

牧羊* ···································································· 314

孔尚任* ································································· 314

蘇雪蓑* ································································· 315

醉琴道人* ····························································· 315

唱【黃鶯兒】* ······················································ 316

**諸聯** ········································································ 317

演戲坍橋 ······························································· 317

踹死童子 ······························································· 317

詞譜工尺 ······························································· 317

疑做戲 ··································································· 318

魯班祠 ··································································· 318

魍魎猛將廟 ····························································· 318

花鼓戲 ··································································· 318

明王廟 ··································································· 318

永安橋坍 ······························································· 319

代僧搬料 ······························································· 319

優伶 ······································································ 319

看戲得婦 ······························································· 319

自壽曲 ··································································· 320

**沈濤** ········································································ 321

《琵琶記》與《三國演義》* ········································ 321

山歌* ···································································· 321

**梁紹壬** ···································································· 323

《琵琶記》 ····························································· 323

徐文長 ……………………………………………………………… 323

小說傳奇 …………………………………………………………… 324

戲名對 ……………………………………………………………… 324

京師梨園 …………………………………………………………… 324

《荊釵記》祭文 …………………………………………………… 325

拍曲几 ……………………………………………………………… 326

陳眉公 ……………………………………………………………… 326

詞曲取士 …………………………………………………………… 326

對月曲 ……………………………………………………………… 327

《西廂記》 ………………………………………………………… 327

李袁輕薄 …………………………………………………………… 327

渾不似 ……………………………………………………………… 327

《長生殿》 ………………………………………………………… 327

桂〔菊〕花新 ……………………………………………………… 328

西江古蹟 …………………………………………………………… 328

李笠翁墓 …………………………………………………………… 328

燕臺小樂府 ………………………………………………………… 329

優劇 ………………………………………………………………… 329

餞優詩 ……………………………………………………………… 330

趙秋谷 ……………………………………………………………… 330

櫻桃青衣 …………………………………………………………… 330

奇逢 ………………………………………………………………… 330

朱翊清 ………………………………………………………………… 331

潘生傳 ……………………………………………………………… 331

疫異 ………………………………………………………………… 331

陶公軼事 …………………………………………………………… 331

陸世科 ……………………………………………………………… 332

王濟宏 ………………………………………………………………… 333

記河神 ……………………………………………………………… 333

記白虎煞 …………………………………………………………… 333

記義妓 ……………………………………………………………… 334

記孟縣某 …………………………………………………………… 334

記孫庭蘭 ……………………………………………………… 334

記李笠翁 ……………………………………………………… 335

記書毒荆川 …………………………………………………… 335

記李香君事 …………………………………………………… 336

記人頭還願 …………………………………………………… 337

**葉廷琯** …………………………………………………………… 339

《綠牡丹》傳奇 ……………………………………………… 339

藏書畫沽禍 …………………………………………………… 340

**朱克敬** …………………………………………………………… 341

優人毆鬥* …………………………………………………… 341

字字雙* ……………………………………………………… 341

吳偉業* ……………………………………………………… 341

侯方域* ……………………………………………………… 342

尤侗* ………………………………………………………… 342

趙執信* ……………………………………………………… 342

吳綺* ………………………………………………………… 342

毛先舒* ……………………………………………………… 343

蔣士銓* ……………………………………………………… 343

桂馥* ………………………………………………………… 343

**厲秀芳** …………………………………………………………… 345

入學演戲* …………………………………………………… 345

演戲娛民* …………………………………………………… 345

**甘熙** …………………………………………………………… 347

斬銚期* ……………………………………………………… 347

慶餘班* ……………………………………………………… 347

阮大鋮宅* …………………………………………………… 348

黃周星* ……………………………………………………… 348

老郎神* ……………………………………………………… 348

百戲* ………………………………………………………… 348

教坊司題名碑記* …………………………………………… 348

沈耀祖* ……………………………………………………… 348

明初教坊司* ………………………………………………… 349

俗呼不倫* ·······349

《秣陵集》地名指瑕* ·······349

史癡翁* ·······349

建廟演劇* ·······350

**高繼珩** ·······351

檻中人 ·······351

義伶 ·······351

朱茂才 ·······352

**徐錫齡等** ·······355

《三溪記》傳奇* ·······355

柯丹邱務考訂* ·······355

尤侗* ·······355

洪昇問詩法* ·······356

洪昇詩才* ·······356

《瓊華夢》傳奇* ·······356

禁演戲* ·······356

演沈宋故事* ·······356

李調元* ·······357

**董鱗** ·······359

楊玉娟* ·······359

陳桐香* ·······359

沈素琴* ·······360

**箇中生** ·······361

潘素貞* ·······361

徐小娥* ·······361

周小蓮* ·······361

王鳳齡* ·······361

王芷香* ·······361

戈鏡珠* ·······362

孔蓉仙* ·······362

孔似蘭* ·······362

周新官* ·······362

　　宴用崑曲之變* ……………………………………362

　　小娃唱崑曲* ………………………………………362

　　崑曲宜重本文* ……………………………………363

鄭澍若 ………………………………………………365

　　喬復生王再來二姬合傳（李漁）…………………365

　　毛子傳（施閏章）…………………………………369

　　徐靈胎先生傳（袁枚）……………………………369

　　秦淮聞見錄（雪樵居士）…………………………370

彭邦鼎 ………………………………………………371

　　齋戒不准演戲* ……………………………………371

　　重裘觀劇* …………………………………………371

　　劇錢三貫* …………………………………………372

　　楊繼業* ……………………………………………372

　　襆頭雉尾* …………………………………………372

管世灝 ………………………………………………373

　　詩醫 ………………………………………………373

　　陳秋槎 ……………………………………………373

　　魏生 ………………………………………………373

許汶瀾 ………………………………………………375

　　塑神鎮鬼 …………………………………………375

　　一錢致富 …………………………………………375

　　月下現鬼 …………………………………………376

　　捫虱新談 …………………………………………376

　　集四書題點戲 ……………………………………376

姚燮等 ………………………………………………377

　　王素琴* ……………………………………………377

　　楊阿翠* ……………………………………………377

　　正音漸歇* …………………………………………378

　　陳梅卿* ……………………………………………378

　　王潤卿* ……………………………………………378

　　湘文小傳 …………………………………………378

陸長春 ………………………………………………381

沙三爺 ……………………………381

顧學士【黃鶯兒】詞 …………381

逃走唐明皇 ……………………381

河神 ………………………………382

徐氏二女 ………………………382

**福格** …………………………………383

嚴石溪事 ………………………383

**許奉恩** ………………………………385

金錢李二 ………………………385

金聖歎 …………………………385

中州某生 ………………………386

**薛時雨** ………………………………387

蘅香 ………………………………387

小瀛仙 …………………………387

小玉紅 …………………………388

岫雲 ………………………………388

巧珠 ………………………………388

大寶齡 …………………………388

**王嘉楨** ………………………………389

論金聖歎 ………………………389

蒲留仙孫 ………………………389

繩妓玉兒 ………………………390

范介春 …………………………391

演劇賀喪 ………………………391

**獨逸窩退士** ………………………393

浣溪沙孔子 ……………………393

甜采 ………………………………393

四星兒哩 ………………………393

莊宗角抵 ………………………394

弄影戲詩 ………………………394

老人燈 …………………………394

題匾 ………………………………394

教坊墓誌 ……………………………………………… 394

阿醜 …………………………………………………… 394

無網之災 ……………………………………………… 395

鄭鶯鶯 ………………………………………………… 395

浴睡 …………………………………………………… 395

金聖歎 ………………………………………………… 395

老棗樹班 ……………………………………………… 396

杜詩韓文 ……………………………………………… 396

修夫子廟 ……………………………………………… 396

甲子丙子生 …………………………………………… 396

其次致曲 ……………………………………………… 396

周王廟祝 ……………………………………………… 397

應試 …………………………………………………… 397

小青 …………………………………………………… 397

科諢 …………………………………………………… 397

戲提調 ………………………………………………… 397

袁癡 …………………………………………………… 398

詩諧 …………………………………………………… 398

借《西廂》語 ………………………………………… 398

教坊碑 ………………………………………………… 398

**俞敦培** ……………………………………………… 399

鳥名串四書、曲文令 ………………………………… 399

四書貫《西廂》 ……………………………………… 399

四書貫戲令 …………………………………………… 399

月令蟲兼曲牌名 ……………………………………… 400

月令貫《西廂》令 …………………………………… 400

詩句貫曲牌名 ………………………………………… 400

藥名貫串牌名律例 …………………………………… 400

彩色貫曲牌名 ………………………………………… 400

蟲貫曲牌名 …………………………………………… 400

《西廂》曲貫衙門 …………………………………… 401

曲句貫曲牌名 ………………………………………… 401

曲文貫戲名 …………………………………………… 401

曲牌貫果名 ……………………………………………… 401

曲牌貫鳥名 ……………………………………………… 401

曲牌貫果名鳥名 ………………………………………… 401

點戲令 …………………………………………………… 402

度曲 ……………………………………………………… 402

《西廂記》酒籌 ………………………………………… 402

訪鴛鴦令 ………………………………………………… 405

藝雲軒《西廂》新令 …………………………………… 406

蔣超伯 …………………………………………………… 411

《樂記》逸文 …………………………………………… 411

俞樾 ……………………………………………………… 413

城南老樹* ……………………………………………… 413

咎僅齋 …………………………………………………… 413

黃洪元 …………………………………………………… 414

趙希乾 …………………………………………………… 414

五公山人 ………………………………………………… 414

馬生 ……………………………………………………… 414

顧童子 …………………………………………………… 414

孫俑 ……………………………………………………… 415

胡其愛 …………………………………………………… 415

霍亮雅 …………………………………………………… 415

海烈婦 …………………………………………………… 415

採蘅子 …………………………………………………… 417

樂歌* …………………………………………………… 417

蒙童演劇之厄* ………………………………………… 417

夢劇斷案* ……………………………………………… 417

戲館開市意外* ………………………………………… 418

培植幼伶* ……………………………………………… 418

金陵生旦* ……………………………………………… 418

戲園走水* ……………………………………………… 418

哪吒扮相* ……………………………………………… 419

金聖歎* ………………………………………………… 419

張培仁 ………………………………………………………… 421

　尤西堂 ………………………………………………………… 421

　陳妙常 ………………………………………………………… 422

　義伶 …………………………………………………………… 422

　張功甫 ………………………………………………………… 423

　優人善謔 ……………………………………………………… 423

　戲臺 …………………………………………………………… 424

許善長等 ……………………………………………………… 425

　《瘞雲岩》傳奇序* …………………………………………… 425

　又序* ………………………………………………………… 426

　《瘞雲岩》傳奇題辭 ………………………………………… 427

　《瘞雲岩》傳奇題詞 ………………………………………… 429

　愛雲小傳 ……………………………………………………… 433

　跋 ……………………………………………………………… 434

　《臙脂獄》傳奇序* …………………………………………… 434

　《茯苓仙》傳奇序* …………………………………………… 435

　《茯苓仙》傳奇題辭* ………………………………………… 435

　跋* …………………………………………………………… 436

　《靈媧石》序* ………………………………………………… 436

　《靈媧石》題辭 ……………………………………………… 437

　《靈媧石》序* ………………………………………………… 438

　跋* …………………………………………………………… 438

　題辭 …………………………………………………………… 438

　隨園神山引（原注：康熙十五年事） ……………………… 439

　跋* …………………………………………………………… 440

　《風雲會》序* ………………………………………………… 440

　伶人薙鬚 ……………………………………………………… 440

　歌伶楹帖 ……………………………………………………… 441

　文章失體 ……………………………………………………… 441

　歌伶軼事 ……………………………………………………… 441

　拙宜園樂府 …………………………………………………… 441

　舞腰 …………………………………………………………… 443

用情不可解 ································ 443

陳妙常詞 ································ 443

癡人 ································ 443

摩孩羅 ································ 444

覺軒戲作 ································ 444

《芝龕記》 ································ 445

戲臺聯 ································ 446

演《桃花扇》 ································ 446

五萬春花 ································ 447


## 第四冊

### 陳彝 ································ 449

《紅樓夢》 ································ 449

邢竹庵 ································ 449

《三戲白牡丹》 ································ 450

洪昉思 ································ 450

梨花雪 ································ 450

### 王韜 ································ 455

嚴壽珠 ································ 455

水仙子 ································ 456

談豔（中） ································ 457

記滬上在籍脫籍諸校書 ································ 457

紅豆蔻軒薄倖詩（上） ································ 457

朱素芳 ································ 458

燕臺評春錄（上） ································ 458

燕臺評春錄（下） ································ 458

珠江花舫記 ································ 458

瑤臺小詠（上） ································ 459

瑤臺小詠（中） ································ 459

瑤臺小詠（下） ································ 460

蕊玉 ································ 461

張廣文 ································ 461

紀潮郡逆民事 ································ 461

洪逆瑣記 ……………………………………………………461

社公祠賽神* …………………………………………………461

滬人喜梨園歌曲* ……………………………………………462

滬上崑腔* ……………………………………………………462

天妃宮演劇* …………………………………………………462

點春堂* ………………………………………………………462

張家花園* ……………………………………………………462

天官牌樓* ……………………………………………………463

姚燮* …………………………………………………………463

黃韻珊* ………………………………………………………463

劉熙載* ………………………………………………………464

貓兒戲* ………………………………………………………464

桂園觀劇* ……………………………………………………464

洋涇戲園* ……………………………………………………464

西人戲劇* ……………………………………………………464

西人馬戲* ……………………………………………………465

西人戲術* ……………………………………………………466

西人影戲* ……………………………………………………467

東洋戲劇* ……………………………………………………468

徐慧仙 …………………………………………………………468

姚雲纖 …………………………………………………………468

泰西諸戲劇類記 ………………………………………………469

二十四花史（上）……………………………………………471

東部雛伶 ………………………………………………………471

三十六鴛鴦譜（下）…………………………………………475

名優類志 ………………………………………………………475

李慈銘 ……………………………………………………………481

觀社戲* …………………………………………………………481

宣鼎 ………………………………………………………………483

喪事演劇 ………………………………………………………483

《曇花記》……………………………………………………484

丁丙…………………………………………………………………487

吳蘋香 ……………………………………………………487

永豐社 ……………………………………………………487

山兒巷 ……………………………………………………488

**徐士鑾** ……………………………………………………489

除學士不用女樂* ………………………………………489

陳淳祖* ……………………………………………………489

馮京* ………………………………………………………489

陶穀使江南* ………………………………………………490

合生* ………………………………………………………491

菊花新* ……………………………………………………492

劉塤* ………………………………………………………492

張鎡* ………………………………………………………493

河市樂* ……………………………………………………494

月明和尚度柳翠* …………………………………………494

《明月生南浦》作者* ……………………………………495

陶穀《風光好》句* ………………………………………495

瓦舍* ………………………………………………………495

**楊恩壽等** …………………………………………………497

演《金瓶梅》* ……………………………………………497

花面* ………………………………………………………497

觀劇敏對* …………………………………………………497

演劇中酒* …………………………………………………498

《桂枝香》序* ……………………………………………498

《理靈坡》敘* ……………………………………………499

《姽嫿封》序* ……………………………………………499

**薛福成** ……………………………………………………503

河工奢侈之風 ……………………………………………503

戊午科場之案 ……………………………………………503

水神顯靈 …………………………………………………504

武員唐突河神 ……………………………………………504

生作城隍三日 ……………………………………………504

**張燾** ………………………………………………………507

水會 ·········································· 507

藝術 ·········································· 507

煙火盒子 ····································· 507

天后宮 ······································· 507

四月廟會 ····································· 508

盂蘭會 ······································· 508

小班 ·········································· 508

下處 ·········································· 509

戲園 ·········································· 509

雜耍館子 ····································· 509

唱落子 ······································· 509

津門雜詠 ····································· 510

**王增祺** ········································ 511

賈桂喜* ····································· 511

田雙慶* ····································· 511

演《進宮》諸劇* ·························· 511

王喜雲昆仲* ······························· 512

李玉福* ····································· 512

陳嘯雲* ····································· 512

艾順兒* ····································· 512

白喜林諸伶* ······························· 512

王桂官諸伶* ······························· 512

劉喜兒與秦鳳寶* ·························· 513

賈蕙秋* ····································· 513

**鄒弢** ·········································· 515

菊社 ·········································· 515

金鳳鈿 ······································· 515

紉秋館 ······································· 516

擊筑餘音 ····································· 516

碧桃館 ······································· 519

蒲留仙 ······································· 519

優癖 ·········································· 519

《石頭記》 …………………………………………… 520

秋香 ………………………………………………… 520

**黄協塤** ………………………………………… 521

周鳳林 ……………………………………………… 521

想九霄 ……………………………………………… 521

小桂林 ……………………………………………… 521

金菊花 ……………………………………………… 522

胡喜兒 ……………………………………………… 522

一汪水 ……………………………………………… 522

粉菊花 ……………………………………………… 522

胎裏紅 ……………………………………………… 523

日日紅 ……………………………………………… 523

萬盞燈 ……………………………………………… 523

吳蘭仙 ……………………………………………… 523

小桂鳳 ……………………………………………… 524

蔡桂喜 ……………………………………………… 524

紅菊花 ……………………………………………… 524

小桂壽 ……………………………………………… 524

十三旦 ……………………………………………… 524

嬰寧旦 ……………………………………………… 525

王喜壽 ……………………………………………… 525

萬筱香 ……………………………………………… 525

金鑲玉 ……………………………………………… 525

佛心動 ……………………………………………… 526

王翠喜 ……………………………………………… 526

小金翠 ……………………………………………… 526

水上飄 ……………………………………………… 526

余玉琴 ……………………………………………… 527

王畹雲 ……………………………………………… 527

小金虎 ……………………………………………… 527

月月紅 ……………………………………………… 527

蓋山西 ……………………………………………… 527

遮月仙 ……………………………………………… 528

邱阿四 ································································ 528

小十三旦 ·························································· 528

小金喜 ····························································· 528

八琴旦 ····························································· 529

十四旦 ····························································· 529

小桂香 ····························································· 529

小金玉 ····························································· 529

陳彩林 ····························································· 530

菊部閒評（萍寄生）··········································· 530

李笠翁詩 ·························································· 531

燈謎集唐詩 ······················································ 532

集《西廂》酒籌 ················································· 532

旦白 ································································· 533

山人 ································································· 533

李香君小像 ······················································ 533

**陳夔龍** ·························································· 535

河神嗜聽戲* ···················································· 535

萬壽節演戲* ···················································· 535

**〔美〕凱瑟琳·卡爾** ········································ 537

清宮演劇處* ···················································· 537

萬壽節演劇* ···················································· 538

光緒聽戲興致不如太后* ····································· 539

大內聽戲* ························································ 539

三海宮之戲臺* ················································· 540

太后善編劇本* ················································· 540

中秋演劇* ························································ 540

劇中惡人多黃髮* ·············································· 541

**諸仁安** ·························································· 543

戲館* ······························································ 543

**程麟** ···························································· 545

馬戲 ································································· 545

**曉嵐** ···························································· 547

綠菱 547
惲毓鼎 549
孝欽嗜戲* 549
戴蓮芬 551
姻緣有定 551
蘋梗 553
戲園* 553
文少如* 553
陸蘅芳* 553
茅北山* 553
李吟伯題《桃花扇》* 554
任孝和題《桃花扇》* 554
羅惇曧 555
戲劇誤國* 555
盧秉鈞 557
《西廂記》張生考* 557
《洛神賦》考* 558
陶穀贈曲* 558
王十朋事略* 559
蘇幕遮* 559
雷峰塔* 559
徐賡陛 561
禁點官清民樂燈籠示 561
黃軒祖 563
三麻子 563
百一居士 565
庶幾堂今樂* 565
西洋戲法* 565
淫戲當禁* 567
學業荒於嬉* 568
大王觀劇* 568
籛壑外史 571

《雙珠記》傳奇* ·······································571

高翠林* ·················································573

巧官* ···················································573

才保* ···················································573

阿松* ···················································574

鳳子穀* ·················································574

幻娘* ···················································575

佚名 ·····················································577

　　京師優僮* ···········································577

佚名 ·····················································579

　　匪黨蔓延京師記 ·······································579

　　南省保衛記 ·········································579

　　兩宮駐蹕西安記 ·······································579

　　津門戰後記 ·········································580

　　西安聞見錄 ·········································580

佚名 ·····················································581

　　鍾鼓司奏雜戲* ·······································581

　　田貴妃諫女樂* ·······································581

　　梨園祗應* ···········································581

　　演劇惟省* ···········································581

主要徵引文獻 ·············································583

後　記 ···················································591

# 前　言

　　作為以雜錄、隨筆形式呈現的一種文體——筆記，「紀述事蹟或通於史」〔註1〕，且在載述見聞時，又「無所回忌」〔註2〕，帶有很大的隨意性、寫實性，故而，「其善者足以備經解之異同、存史官之討覈」〔註3〕，具有重要的文獻價值和認識價值。

　　《清代散見戲曲史料彙編（筆記卷・二編）》，從清代130餘家筆記中，鉤稽出900餘則與戲曲史相關之史料，涉及各色伶人280餘人。各類性質的戲班如蓮喜、四喜、春臺、福喜、吉升、雙慶、福慶、和春、高升、榮升、大章、大雅、鴻福、集秀、春桂、榮慶、酒泉、德魁、玉蓮、嵩祝、山泉、寶和、寶樹、蘭馥、九松、松秀、四松、慶福、吉慶、餘慶、小華林、德春、景和、瑞勝、綺春、韻秀、穎和、雲和、三慶、聚芳、集賢、聯星、文安、瑞春、丹林、杏春、聞德、保安、蘊華、天仙、重慶、金鈺、同順和、同勝和以及徐家班、汪家班、郭三班、李調元家班、李世忠家班等，不下六七十家，其中不乏姑蘇四大崑班（大章、大雅、鴻福、全福），為《崑劇志》所漏收者亦不在少數。涉及劇目四五百種，既有宋、金雜劇名目，也有明、清傳奇劇目，又有如《琴挑》《樓會》《偷詩》《鬧簡》《哭宴》《拷紅》《喬醋》《佳期》《題曲》《驚夢》《勸農》《陽告》《賜環》《戲叔》《賞荷》《諫父》《借扇》

---

〔註1〕胡應麟：《少室山房筆叢》卷二九「九流緒論下」，上海書店出版社，2009年，第283頁。

〔註2〕胡應麟：《少室山房筆叢》卷二九「九流緒論下」，上海書店出版社，2009年，第283頁。

〔註3〕胡應麟：《少室山房筆叢》卷二九「九流緒論下」，上海書店出版社，2009年，第283頁。

之類常演之於場上的折子戲。尤以花部劇目居多，如《白水灘》《泗州城》《鐵弓緣》《鮑三娘》《四傑村》《虹霓關》《雙釘記》《賣餑餑》《小上墳》《十八扯》《翠屏山》《大登殿》《血手印》《瓦崗寨》《三娘教子》《劉海戲蟾》《四郎探母》《二下南唐》《王大儒供狀》《司馬師搜魏宮》等，為研究戲曲演出史嬗變的絕佳史料。並涉及曲家生平、本事考證、演出習俗、傳播場域等多方面的內容。下面，對本編輯錄的戲曲史料之學術價值略加論述。

## 一、史料所反映的戲曲生態

中國是一個農業社會，自然界的陰晴旱澇、風雨雷電，都與「仰借天時」的百姓之飢寒飽暖息息相關。收成好時，日子還好過，一遇災荒，莊稼歉收，百姓自然室如懸磬，飢寒臨身。所以，無論官方還是民間，歷來對天地神祇充滿敬畏之情，「時釀金錢，結神社以祀諸望」〔註4〕。民間四時八節的各種風俗，都與祈求平安、趨避災難、渴望溫飽、切盼豐年有關。正月初一的占風雲、卜歲時，立春的執彩仗、鞭春牛，元宵節前後的占歲燈、走百病，二月二的圍倉、吃炒豆，端午節的插艾枝、繫長命縷、戴彩符艾虎、飲雄黃酒，七月七的乞巧，中秋的拜月，十二月八日的臘八粥，十二月二十三日的祀灶，除夕的易門神、換桃符，清明節、七月十五、十月初一的城隍出巡，其用意大都如此。

人們基於對自然界萬物的畏懼心理，希求神靈在方方面面都給予庇佑，於是，就想像出諸多的神，神仙家族的隊伍愈來愈龐大。在西漢沛人劉向的《列仙傳》中，赤松子、彭祖、黃帝、老子、呂尚、介子推、琴高、范蠡、王子喬、東方朔、蕭史等 70 人被尊為神。到了晉人葛洪的《神仙傳》，已擴大至 84 人。再到元代道士趙道一編修的《歷世真仙體道通鑒》，已擴展為 745 人，且又有《續編》《後集》陸續推出，繼續擴大了這一族群。加之《三洞群仙錄》《仙苑編珠》等神仙譜籍的出現，使這一隊伍更加龐雜。當然，民間信仰中的神靈遠遠超出道家所載述的範圍，歷史名人、傳說中的人物、有德於地方者，乃至山川河流、怪鳥異獸、風雨雷電、樹木花草、飛蟲爬物，皆可能成為神。如門神、灶神、廁神、土地、城隍、山神、水神等皆是。有些神，是出於統治階級駕馭天下的需要而產生，有的是直接服務於道教徒的傳法佈道，但更多則是百姓祈求平安的心靈造影。供奉神靈，除俎豆三牲外，以戲

---

〔註 4〕胡樸安編著：《中國風俗》上編，九州出版社，2007 年，第 85 頁。

娛神無疑是最佳表達方式，故有是村皆有廟、有廟即有神、有神即演戲之說。

　　本編所輯錄的文獻，對此乃是最好的證明。浙江嘉善東北十八里的楓涇鎮，與江蘇松江毗鄰，乃江、浙的交界處，「商賈叢集，每上巳賽神最盛。以重價雇八九歲小兒，擎以鐵柱，高十許丈，競出珍寶以飾之，鼓樂前導，沿街迎三日乃止。舟車填咽，遊人接踵。又架高臺，邀梨園數部歌舞達曙，曰：『神非是不樂也。』」〔註5〕則準確傳示出時人的心態。上巳，本指農曆三月上旬的巳日，古人於此日在水上「洗濯祓除，去宿垢疢」〔註6〕。魏晉之後，則改為三月三。此日，又是俗傳北極佑聖真君誕日，故格外熱鬧。除鼓樂前導，抬閣出遊外，還搭高臺演戲以娛神。在杭州臨安，還有「雀竿」之戲，即樹長竿於佑聖觀院中，竿高三丈，「一人攀緣而上，舞蹈其顛，盤旋上下，有鷂子翻身、金雞獨立、鍾馗抹額、玉兔搗藥之類，變態多端」〔註7〕。安徽涇縣東鄉的目連戲演出，也有這類表演伎藝，名之曰「盤戳」。同樣，在江蘇梆子戲的早年表演中亦有此特技，名伶王志標在《反雲南》一劇中，就表演了難度甚大的爬竿戲，博得臺下雷鳴般掌聲。涇縣、臨安均在江南，與蘇北懸隔千里，卻有著面目相似之伎藝，究竟是誰影響了誰，一時難以探究。但是，有一點卻得到證實，即表演藝術潛存有極大的發展張力，它們雖然都是脫胎於漢代的緣橦伎藝，但在具體的演出實踐中又自覺地與後來相關表演藝術融合，朝著各自的發展路向前行，從而形成不同的表演格局，這是藝術發展的普遍規律，戲曲也不例外。

　　其他如，在上海附近的青浦，於每年的農曆八月十六，為「報賽祈穀」，連續演戲三天，「因時市農器，貿者畢集，故遊人湊聚」〔註8〕。城隍廟演戲，人們爭先占樓上座位，以致兩樓皆滿。三月十八日，民間傳說為當地土地向玉皇輸送糧餉之日，百姓視之為盛會，「懸彩演劇」。「人煙湊集、舟楫往來」〔註9〕，蔚為大觀。浙江蕭山，棉花豐收，連演十天大戲以慶賀。「每遇豐收，率群聚演戲宴飲為樂，名曰會戲」〔註10〕。四川一帶，每當春日鄉村報賽，所演多為由

〔註5〕董含：《蓴鄉贅筆》卷中，《叢書集成續編》本。

〔註6〕范曄：《後漢書》卷十四「志第四·禮儀上」，《二十五史》第2冊，上海古籍出版社、上海書店，1986年，第808頁。

〔註7〕胡樸安編著：《中國風俗》上編，九州出版社，2007年，第174頁。

〔註8〕諸聯：《明齋小識》卷八，臺灣《筆記小說大觀》本。

〔註9〕諸聯：《明齋小識》卷十一，臺灣《筆記小說大觀》本。

〔註10〕王端履：《重論文齋筆錄》卷二，臺灣《筆記小說大觀》本。

《三國》《水滸》《西遊》諸小說改編而來的劇目，「全部累月，笙歌不絕，士女雲集，舉國若狂」〔註11〕。湖州鄉間，「演社戲五晝夜」〔註12〕。在紹興，「社戲極盛」，每遇豐年，「民間盛為賽社以報之」〔註13〕。「田稼將登，必演戲酬神」〔註14〕。有的地方官，命搭戲臺於公生明坊，「大堂下搭席蓬」，設一二百席，「令城內士民，邀之入座飲酒聽戲」〔註15〕。春酬秋報，浸淫成風。榕樹樹身粗壯，須三人合抱，以為有神靈附焉，建廟以祀，朔望演劇。有虎大極，百姓懼甚，便酬神演劇，答謝力士。鄰家失火，「凡幸免之家，必斂銀演戲，名曰謝火安神」〔註16〕。瘟疫流行，「各家設香案，燃天鐙，演劇賽會」〔註17〕。運河水淺，「糧艘銜尾不能進，共演劇賽神」〔註18〕。求子得子，演劇酬神。新建廟宇，「演劇竟無虛日。士女祈禱，舉國若狂」〔註19〕。「江南諸生某新中解元，門前演劇」〔註20〕。老人去世，孝子行招魂禮，燈籠高懸，鼓樂喧闐，「優伶唱戲文，以媚亡者」〔註21〕。喪事畢，「開筵款客，堂下演劇」〔註22〕。商家外出貿易，會面臨種種風險，往往抱團取暖，以抵禦地方惡勢力的欺凌，故各種商會應運而生。「湘潭居交廣江湖間，商賈彙集，而江西人尤多。江西會館曰萬壽宮，歲時演劇飲宴」〔註23〕，以聯絡感情。

　　水上行舟，風波多險，「海舶多駛往南洋」〔註24〕，雖獲利甚多，然風險更大。閩人舶中敬奉天妃，並建天妃廟於滬上舶船之處。「海舶抵滬，例必斬牲演劇，香火之盛，甲於一方」〔註25〕，「燈彩輝煌，笙歌嘽哰，雖遠鄉僻處，咸結隊往觀」〔註26〕。至於運河沿岸，河神廟、金龍四大王廟、天妃廟、安瀾

〔註11〕許奉恩：《里乘》卷十，《續修四庫全書》本。
〔註12〕程岱葊：《野語》卷四，清道光二十三年刻本。
〔註13〕李慈銘：《蘿庵遊賞小志》，臺灣《筆記小說大觀》本。
〔註14〕厲秀芳：《夢談隨錄》卷下，臺灣《筆記小說大觀》本。
〔註15〕厲秀芳：《夢談隨錄》卷下，臺灣《筆記小說大觀》本。
〔註16〕溫汝適：《咫聞錄》卷八，清道光二十三年刻本。
〔註17〕朱翔清：《埋憂集》卷三，《續修四庫全書》本。
〔註18〕紀昀：《閱微草堂筆記》卷十五，臺灣《筆記小說大觀》本。
〔註19〕甘熙：《白下瑣言》卷八，清光緒十六年江寧傅氏築野堂刻本。
〔註20〕許汶瀾《聞見異辭》卷二，臺灣《筆記小說大觀》本。
〔註21〕宣鼎：《夜雨秋燈錄》卷五，清光緒三年《申報館叢書》鉛印本。
〔註22〕宣鼎：《夜雨秋燈錄》卷五，清光緒三年《申報館叢書》鉛印本。
〔註23〕朱克敬：《暝庵雜識》卷一，臺灣《筆記小說大觀》本。
〔註24〕王韜：《瀛壖雜志》卷二，臺灣《筆記小說大觀》本。
〔註25〕王韜：《瀛壖雜志》卷二，臺灣《筆記小說大觀》本。
〔註26〕王韜：《瀛壖雜志》卷二，臺灣《筆記小說大觀》本。

廟更隨處可見，官民虔誠供奉，梨園演劇。九秋霜降，水患減退，人們為慶安瀾，演劇酬神。河臣冠帶盛服焚香祭拜，百姓觀者如堵。京畿大水，「津民連日焚香演劇以侑之」〔註27〕。清道光之時，「南河河道總督駐紮清江浦，道員及廳汛各官環峙而居，物力豐厚。每歲經費銀數百萬兩，實用之工程者十不及一，其餘以供文武員弁之揮霍、大小衙門之酬應、過客遊士之餘潤。凡飲食衣服車馬玩好之類，莫不鬥奇競巧，務極奢侈。……各廳署內，自元旦至除夕，無日不演劇。自黎明至夜分，雖觀劇無人，而演者自若也」〔註28〕。民間對水神金龍四大王如此誠敬，豈不知，所謂「四大王」，據多家筆記所載，不過乃四條顏色不一的小蛇。足見由於視野和知識的侷限，加之災害頻仍，人們對自身安否帶有極度的不自信。

本來，父師與地方官唯恐荒廢了學業，是不允許學生看戲的。但是到了後來，情況則有變，有的地方官在新生入學前，「命役於明倫堂下搭戲臺」〔註29〕。事畢，再傳新生早來入學，「侍學師燕」。屆時，地方官親臨戲場，與學師並坐，令學生兩旁作陪，邊飲酒食肉，邊欣賞戲曲表演，且不讓師生掏一文錢。師生自然歡快無比。還有一位名叫牛運震的官員，每當為縣學學生考課，則「張盛宴演劇」〔註30〕，先繳卷者得以入座。文章未寫就，則不得赴宴賞戲。其觀念不可謂不趨時。

牛運震，史有其人，字階平，號空山、木齋、真谷，山東滋陽人。生於清康熙四十五年（1706），十六歲補諸生。雍正十一年（1733）進士，曾官甘肅秦安、平番等縣知縣。「官秦安八載，惠農通商，以經術飭吏治。設隴川書院於署東，通其門，日與諸生講習」〔註31〕。後受人誣陷罷官。「貧不能歸，留主蘭皋書院，教學得士心。及歸，有走千里送至灞橋者」〔註32〕。乾隆二十三年（1758）去世。他思想的通達，來自於與地氣相接，難怪對戲曲持如此開放之態度。

各類行會組織，則奉祀與本行業關聯性甚強的神。如古代能工巧匠魯班（又稱公輸班），就被木工、泥瓦工奉為神祇。上海青浦棣華橋南有魯班祠，

〔註27〕薛福成：《庸盦筆記》卷四，清光緒丁酉年刻本。

〔註28〕薛福成：《庸盦筆記》卷三，清光緒丁酉年刻本。

〔註29〕厲秀芳：《夢談隨錄》卷上，臺灣《筆記小說大觀》本。

〔註30〕俞樾：《薈蕞編》卷十三，臺灣《筆記小說大觀》本。

〔註31〕李元度纂：《國朝先正事略》下冊，嶽麓書社，2008 年，第 1353 頁。

〔註32〕趙爾巽等：《清史稿》卷四七七「循吏傳」，《二十五史》第 12 冊，上海古籍出版社、上海書店，1986 年，第 10280 頁。

為當地匠人的拜祀之所。清嘉慶六年（1801），因祠堂傾圮，當地匠人斂錢演劇，並將神像抬至城隍廟後樓供奉。「一時鳴鑼者、肩輿者、執香者、衣冠者、持儀仗者，鹵簿紛沓，稱娖前行，皆匠人也」〔註33〕。其他如二月十二日城隍誕辰、二月十九日觀音誕辰、三月廿三日天后誕辰、六月初岳飛誕辰、七月十五日盂蘭盆會等等，甚夥。「神誕之前，每日賽會，光怪陸離」〔註34〕。「每賽會必須演戲，與會鄉村輪年而值之。先一二日開演，即迎神來戲場觀劇，出巡回來，必抬神在戲場疾行四五周，謂之扛神」〔註35〕。「賽會之夜戲必以通宵，以便遠來之觀者。就近人家，必接親戚故舊來家看會，非待戲演完不去」〔註36〕。人們對戲曲的狂熱追捧，由此可見。即使農民軍領袖，也酷愛戲曲。李自成攻陷開封後，曾築臺十座，「徵梨園伶人十部」〔註37〕演戲於上。洪秀全攻打安徽時，曾在「池州得戲班衣服器具數十箱」〔註38〕，來到金陵，乃築臺於清涼山大樹下，召優伶演戲。

戲曲藝術對現實生活的滲透，體現在方方面面。江南名妓柳如是，在南明小王朝初立之時，隨錢謙益入都，其裝扮一如戲場上昭君出塞狀，「戎服控馬，插裝雉尾」〔註39〕。阮大鋮巡行江上，也一如梨園裝束。民間放風箏，其上描繪戲曲人物、《西遊》故事圖像。早在明嘉靖年間，磁窯就燒製「耍戲娃娃」「耍戲鮑老」青花白地花罐。至清，天津城西泥人張，擅長捏塑「戲齣人物，各班角色，形象逼真」〔註40〕，遠近馳名，西洋人以重金購之。李香君以《桃花扇》馳名天下，商丘地方遂將城南李姓養雞、鬥雞場指認作香君別業、香君冢，引得許多文人前往遊賞。還有市井燈謎及文人雅集之時的酒籌、酒令，也注入了戲曲的元素，如唱詞、曲牌、劇中人物等，恰說明人們對戲曲的熟諳程度。甚至以「四書題點戲」，如「前以士，後以大夫」，出自《孟子・梁惠王下》，由「士」而升「大夫」，是「加官」。舊時舞臺，正戲演出前往往加一段預示吉祥的歌舞短戲，名曰「跳加官」。此句隱指加官戲。「適蔡」，由《論語・先進》「從我於陳、蔡者」化出。《琵琶記》中牛小姐嫁與蔡

---

〔註33〕諸聯：《明齋小識》卷七，臺灣《筆記小說大觀》本。

〔註34〕張燾：《津門雜記》卷中，清光緒十年梓行本。

〔註35〕胡樸安編著：《中國風俗》上編，九州出版社，2007年，第207頁。

〔註36〕胡樸安編著：《中國風俗》上編，九州出版社，2007年，第207頁。

〔註37〕俞樾：《薈蕞編》卷八，臺灣《筆記小說大觀》本。

〔註38〕王韜：《甕牖餘談》卷七，清光緒元年申報館鉛印本。

〔註39〕吳偉業：《鹿樵紀聞》卷上，臺灣《筆記小說大觀》本。

〔註40〕張燾：《津門雜記》卷中，清光緒十年梓行本。

伯喈。「適」，舊指女子出嫁。蓋此句隱指《琵琶記》之《請郎》《花燭》（汲古閣本作「強就鸞凰」）二齣。「后稷教民稼穡」，語出《孟子・滕文公上》，隱指《牡丹亭》中《勸農》一齣。「激而行之，可使在山」，語出《孟子・告子上》，隱指《水漫金山》一劇。如此等等，大多類此。從「四書」中摘句，隱含某劇名，點戲者自然是飽讀詩書，且又對戲曲相當熟悉，「點戲猶不脫書卷氣」〔註41〕，真有些出人意料。這已超出了一般文字遊戲的範疇，可謂「點戲」之一大發明。同時可知，接下戲單的人若非具備較好的文學修養，也難以明瞭所點者何？真難以想像，雅、俗文化竟然在「點戲」這一小小環節上出現了碰撞與交融，這自然是文人深度參與戲曲活動的結果。

不唯民間，宮中帝妃、內監對戲曲同樣追捧。每逢帝、后壽辰，例須演戲致賀，允許王公大臣入座聽戲。據曾任封疆大吏的陳夔龍《夢蕉亭雜記》載述，清光緒二十九年（1903）六月，他以河南巡撫入京覲見，恰值光緒帝壽辰，特准入頤和園內德和園看大戲。兩宮和近支王、貝勒、貝子、公、滿漢一品大臣、內廷行走以及在外將軍、督撫、提鎮等入京者，皆得以前來。當時所演劇目乃《吳越春秋》（即《浣紗記》）。演到范蠡謁見伯嚭，報門兩次，門官不理，「嗣用門敬二千金，閽者即為轉達」〔註42〕。此時，正在看戲的重臣張之洞突然失聲狂笑道：「太惡作劇，直是今日京師現形記耳！」〔註43〕聲震殿角，並不顧忌座位距此不遠的帝后權貴能否聽到，恰反映出晚清政治的混亂不堪及清廷政治掌控力的缺失。

又據美國女畫師凱瑟琳・卡爾（Cathleen Carl）《清宮見聞雜記》載述，清光緒帝壽誕典禮，慈禧一手操持，「內廷供奉，則練習新排之腳本，日夜無倦。宮監蹀躞往來於太后之前，以各種陳設及點綴之事情請訓。而排戲者則又時時以底稿進呈太后。太后親自裁正之。總之，是時凡百諸事，無不待命於太后」〔註44〕。一旦開演，慈禧坐於戲樓，逐一仔細推敲，「見有應當改正之處，則即刻飭太監，傳知後臺。一經改正，則自覺立添生色不少」〔註45〕。該書還稱，慈禧喜顧曲，「尤善編劇本」〔註46〕，「曾自出心裁，編出新劇本

〔註41〕許汶瀾：《聞見異辭》卷二，臺灣《筆記小說大觀》本。
〔註42〕陳夔龍：《夢蕉亭雜記》卷二，臺灣《筆記小說大觀》本。
〔註43〕陳夔龍：《夢蕉亭雜記》卷二，臺灣《筆記小說大觀》本。
〔註44〕〔美〕凱瑟琳・卡爾：《清宮見聞雜記》，臺灣《筆記小說大觀》本。
〔註45〕〔美〕凱瑟琳・卡爾：《清宮見聞雜記》，臺灣《筆記小說大觀》本。
〔註46〕〔美〕凱瑟琳・卡爾：《清宮見聞雜記》，臺灣《筆記小說大觀》本。

多種，情節離奇，唱片高雅可喜，較之俗本，大有霄壤之判」〔註47〕。這些細節，恰說明慈禧對醇親王奕譞和她胞妹那拉氏所生的經她提議入繼大統的載湉控制極嚴，連內廷演戲這類小事也要親自過問，其霸道與強權可想而知。但也透露出另一信息，即慈禧終日看戲，的確也看出了一些門道，對臺上表演發表的意見或有可取之處。如場上角色不能太胖，影響美感；在場上演出時應穿彩褲，女色應著彩鞋；男色臺上站立，兩腿不宜叉得太開；開演後入戲要快，不應拖沓，等等，還是有一定的合理因素的。

所謂慈禧「善編劇本」，也確有其事。據丁汝芹《清宮戲事──宮廷演劇二百年》記載，慈禧曾下旨，將原本240齣的昆弋腔戲，排演時改為亂彈曲白，且壓縮為105齣。她曾將宮內稍通文理的相關人員召集在一起，「逐出講解指示，諸人分記詞句。退後大家就所記憶，拼湊成文，加以渲染，再呈定稿」〔註48〕，交內廷戲班演出。還曾把端午應時劇《闡道除邪》「拘魂辯明」中韓氏所唱崑腔，改成了反二黃，且「不許旁人改動」〔註49〕。至於改動效果如何，則另當別論。但是，她要求將唱昆弋腔的連臺本戲改用皮黃演唱，還親自動手刪改、增寫，說明皮黃的生存空間有所擴大，影響力得到進一步提升，對於該劇種的發展還是有促進作用的。

在各個社會階層，都有戲曲的狂熱追捧者。述及明代，人們最常提起的是劇作家張鳳翼與次子合演《琵琶記》，吸引得觀者填門之事。豈不知此類人物大有人在。太倉王氏，乃名門望族，王忬為少司馬，其子世貞、世懋，一為南京刑部主事，一為南京太常少卿，然其後輩「兩人為優，以歌舞自活」〔註50〕。每當登場，「大為時賞」〔註51〕。明崇禎時，包耕農一家皆酷嗜戲曲，曾共演《西廂記》，「子婦及女分扮張生、紅娘、鶯鶯等人；令季女率婢僕扮孫飛虎；己則僧衣短棍，作惠明狀」〔註52〕。其友某翁新捐得一官，前來辭行，他則僧服相見，令來客錯愕不已。蘭陽王屏，明崇禎辛未（1631）進士，曾任滋陽令，

〔註47〕〔美〕凱瑟琳・卡爾：《清宮見聞雜記》，臺灣《筆記小說大觀》本。
〔註48〕丁汝芹：《清宮戲事：宮廷演劇二百年》，中國國際廣播出版社，2013年，第203頁。
〔註49〕丁汝芹：《清宮戲事：宮廷演劇二百年》，中國國際廣播出版社，2013年，第204頁。
〔註50〕王家禎：《研堂見聞雜錄》，臺灣《筆記小說大觀》本。
〔註51〕王家禎：《研堂見聞雜錄》，臺灣《筆記小說大觀》本。
〔註52〕鄒弢：《三借廬筆談》卷八，臺灣《筆記小說大觀》本。

與包耕農關係甚篤，更為戲癡。「其姻家嘗招飲，斤戴金冠而往，凝坐不一語。酒半忽起，入優舍，裝巾幗如婦人，登場歌旦曲二闋而去」〔註53〕。王斤家居時，地方官前來拜訪。當時他正面敷胭脂，「衣婦人服登場」演劇。當縣令問其家人「爾主人何在」時，斤則徑前回答：「奴家王斤是也。」〔註54〕搞得縣令不知所措。女兒出嫁，女婿設宴款待。他則面塗赤紅色，著綠袍，扮作關羽狀，騎馬前往。女婿出門相迎，他不予理會，「下馬胡旋，口唱『大江東』一曲而入。座中皆駭匿。引滿叵羅而歸」〔註55〕。錢塘周詩，以明嘉靖乙酉（二十八年，1549）領浙闈。榜發前一夜，別人皆奔往省城等候發榜，他卻深夜登場歌《范蠡尋春》。

到了清代，仍不乏其例。書生朱淦，乃名臣朱珪之後，「門蔭既高，都中年家世誼極多」〔註56〕，卻「性愛優伶」，是典型的追星一族。「四大名班」中名伶，「某伶某日在某園演某劇，爛熟胸中。貧無纏頭，伶上車，尾其後，至園看某劇後，又易一園。伶卸裝，又尾車送至寓，始歸。每日如之」〔註57〕。還有因習戲而挨責打者。吳江周某，喜唱崑曲，父屢加斥責仍如故。一日，城外演劇，他潛入戲班，在《長生殿》中客串唐明皇。為父所知，遂「從臺上一躍，疾趨而避」〔註58〕。人以逃走的唐明皇相呼。即使到了晚清，在北方一帶，「凡善唱二黃曲者，雖良家子弟，每喜登臺自炫所長」〔註59〕。追星一族紛紛出現，恰說明戲曲藝術潛在的魅力。它已直接影響到不同階層人們生活態度、處世方式乃至人生道路的選擇，所謂風習移人，殆不虛言。

至於戲曲演出場所，就城市而言，也大都是在人口較為稠密之處。如江寧府（今江蘇南京）夫子廟一帶，從府學到貢院，每當天氣晴好之時，便「百戲具陳，如解馬、奇蟲、透飛梯、打筋斗、吐火吞刀、掛跟旋腹、三棒鼓、十不閒、投狹、相聲、鼻吹口歌、陶真撮弄，凡可以娛視聽者，翹首伸頸，圍如堵牆，評駁優劣，嘖嘖有言」〔註60〕。然而，每當斂錢之時，悄然後退

〔註53〕談遷：《北遊錄》「紀聞上」，中華書局，1960年，第325頁。

〔註54〕鄒弢：《三借廬筆談》卷八，臺灣《筆記小說大觀》本。

〔註55〕鄒弢：《三借廬筆談》卷八，臺灣《筆記小說大觀》本。

〔註56〕高繼珩：《正續蝶階外史》，大達圖書供應社，1934年，第107頁。

〔註57〕高繼珩：《正續蝶階外史》，大達圖書供應社，1934年，第107頁。

〔註58〕陸長春：《香飲樓賓談》卷二，臺灣《筆記小說大觀》本。

〔註59〕薛福成：《庸盦筆記》卷三，《續修四庫全書》本。

〔註60〕捧花生：《畫舫餘譚》，蟲天子編：《香豔叢書》第5冊，人民文學出版社，1992年，第4961頁。

者有之，「乘隙遁去」者亦有之。一旦戲再次開場，人們又「躡足而來」。「由午迄酉，往復如織，畫舫經過，間亦拉伴同觀」〔註61〕。這一帶，還聚攏了不少清音戲班，如九松、四松、慶福、吉慶、餘慶等，時有登場大戲搬演。時尚小調《繡荷包》，坊市婦稚、擔夫負販、卑田院乞兒，皆能歌唱，流佈甚廣，還有的因演唱此野調小曲，不僅生活大為改善，還娶上了媳婦。在報國寺，「陳百戲、說稗官者甚夥」〔註62〕。清道光戊子（八年，1828），江西來一會縮骨術者在此表演，「圍棚樹竿，掛一皮。候其人坐地，一足持弓，一足取箭向上而射，有發必中，且能擲骰子，呼麼喝六，無不如意」〔註63〕。清嘉慶年間，慶餘班最為知名，藝人各擅其技，不可方物。

　　回溯中國表演伎藝乃至古代戲曲發展史，無論何種大型表演，皆是各種伎藝「競相登場、各顯絕技的大比拼。也正是在這種較為開放的演出態勢中，初始之時稚嫩的戲曲藝術，從相關伎藝的表演中不時地汲取藝術營養，逐漸地豐富並完善自身，使她由一弱小的藝術幼苗，終於成長為一棵枝繁葉茂的參天大樹。在戲曲研究過程中，倘若忽略了對相關藝術生存情狀的觀照，就無法詮解戲曲的生成與發展」〔註64〕。自漢、唐以來大都如是。在這種「多種文化雜存的外在環境下從事演出活動，與各類藝人的交往勢所難免，對相鄰伎藝表演的觀摩、揣摩、思考、傚仿、吸納、融合，則又在情理之中」〔註65〕。這一情狀，進一步催化了戲曲藝術與其他表演伎藝的碰撞與融合，最終走向成熟，這是一個不容忽略的問題。

## 二、史料所載戲曲聲腔的競相稱勝

　　本編所輯史料涉及的戲曲，除宋、金、元雜劇（或院本）外，主要有弋陽腔、四平腔、崑腔、弋腔、西腔、秦腔、亂彈、二黃（或皮黃）、梆子、花鼓、落子、影戲等。

　　弋陽腔，為南戲主要聲腔之一，以其源於江西弋陽，故名。至於弋陽腔在明末、清初的流播，廖奔的《中國戲曲聲腔源流史》（臺灣貫雅文化事業有限

〔註61〕捧花生：《畫舫餘譚》，蟲天子編：《香艷叢書》第5冊，人民文學出版社，1992年，第4961頁。

〔註62〕甘熙：《白下瑣言》卷四，清光緒十六年江寧傅氏築野堂刻本。

〔註63〕甘熙：《白下瑣言》卷四，清光緒十六年江寧傅氏築野堂刻本。

〔註64〕趙興勤：《清代散見戲曲史料研究》，復旦大學出版社，2018年，第115頁。

〔註65〕趙興勤、趙韡：《江蘇梆子戲史論》，臺灣花木蘭文化事業有限公司，2020年，第122頁。

公司 1992 年版）敘述較為詳細。該書曾列舉沈德符《萬曆野獲編》、袁宏道《瓶史》、袁于令《西樓記》、馮夢禎《快雪堂日記》、據梧子《筆夢》、王驥德《曲律》、凌濛初《譚曲雜箚》、冒襄《影梅庵憶語》中相關史料，對弋陽腔傳播以及接受者態度作了較系統論述。筆者在《清代方志中散見戲曲史料的學術價值》一文中，亦曾結合清人樊度中《東嶽廟賽神曲五首》（之五）一詩，論述了弋陽腔在清代康熙時仍流行於山西澤州這一事實，並進而認為，湯顯祖所謂「至嘉靖而弋陽調絕」〔註66〕，是不符合客觀實際的。〔註67〕

　　據吳偉業《鹿樵紀聞》載述，南明弘光王朝覆亡後，已降清軍的阮大鋮極盡諂媚之事，不僅羅列肥鮮，讓清將暢其口腹，還自「起執板，頓足而唱」〔註68〕崑腔。雖說崑腔後來也曾傳入地處遼河口的東北營口一帶，但是當地人更崇尚北方藝術，對於南方崑曲僅僅停留在「略知」〔註69〕這一層面。清將大都為北人，阮大鋮見他們「不省吳音，則改唱弋陽腔」〔註70〕，果大得其歡心。這則史料說明，家中蓄有戲班且長於編劇的阮大鋮，既熟諳崑山腔，能當即執板演唱，就連弋陽腔也同樣能唱。這反映出入鄉隨俗、「隨心入腔」的弋陽腔適用面甚廣，優長之處在於「錯用鄉語」，故博得「四方士客喜閱之」〔註71〕。即使在筆記體小說中，也時而出現弋陽腔，如小說所敘馬驤「婆娑歌『弋陽曲』，一座無不傾倒」〔註72〕。蘇緒外出多年返家，「聞宅第中金鼓大作，如演弋陽劇焉」〔註73〕，「簫管敖曹，間以笑語」〔註74〕。雖是小說家言，但亦證明弋陽腔一直有其演出市場。

　　「四平腔」，一般認為是由弋陽腔發展而來，即所謂「稍變弋陽」，大概產生於明嘉靖末至萬曆之時。然而，關於這一戲曲聲腔的演唱卻記載較少。筆者曾在《清代方志中散見戲曲史料的學術價值》一文中，敘及清康熙年間的江西

〔註66〕 湯顯祖：《宜黃縣戲神清源師廟記》，湯顯祖著、徐朔方箋校：《湯顯祖全集》第 2 冊，北京古籍出版社，1999 年，第 1189 頁。

〔註67〕 參看趙興勤：《清代散見戲曲史料研究》，復旦大學出版社，2018 年，第 114～115 頁。

〔註68〕 吳偉業：《鹿樵紀聞》卷上，臺灣《筆記小說大觀》本。

〔註69〕 諸仁安：《營口雜記》，臺灣《筆記小說大觀》本。

〔註70〕 吳偉業：《鹿樵紀聞》卷上，臺灣《筆記小說大觀》本。

〔註71〕 顧起元：《客座贅語》卷九，中華書局，1987 年，第 303 頁。

〔註72〕 蒲松齡著、張友鶴輯校：《聊齋誌異（會校會注會評本）》第二冊，上海古籍出版社，1978 年，第 457 頁。

〔註73〕 長白浩歌子：《螢窗異草》，齊魯書社，1985 年，第 128 頁。

〔註74〕 長白浩歌子：《螢窗異草》，齊魯書社，1985 年，第 128 頁。

南城，「鼓撾高唱四平腔」〔註75〕之事。〔註76〕南城，在江西省的東南部，宜黃之東，與福建邵武相去不足二百里。四平腔源於何地，學界說法不一，但贛、閩交界處竟然也高唱四平腔，恰說明在明清之交，該聲腔仍非常活躍。然而，在我國北方有否流傳卻極少有文獻敘及，未免有些遺憾。令人意想不到的是，生當明末清初的計六奇，在《明季南略》中，記載有四平腔流播至遠在東北的遼陽之事，謂清兵攻破遼東，大肆殺戮百姓，遼陽生員楊某因能「唱四平腔一曲，始得釋」〔註77〕。李漁的《閒情偶寄》卷二「音律」謂弋陽、四平等腔，字多音少，一泄而盡，且稱演唱弋陽、四平者為「俗優」〔註78〕，可見其對這類地方聲腔有不屑之意，但亦未敘及四平腔流播狀況。而《明季南略》之成書，採自多種文獻，並走訪各色人等，或考索遺聞，或親自探訪，將散見史料抄撮成編，具有較為可信的史料價值。所以，該書對四平腔的記載彌足珍貴，為我們研究四平腔在北方的流播提供了有力的文獻支撐。

然而，更多的史料所表述的乃是花部的崛起以及花雅爭勝之事。我們知道，入清後未久，崑山腔的「官腔」地位逐漸受到來自不同方面的挑戰。尤其是至乾隆之時，因其文字過雅，節奏太慢，已不大為人們所歡迎，以致出現「若唱崑腔，人人厭聽，輒散去」〔註79〕的尷尬局面。與之相對的是，興起未久的地方戲聲腔卻越來越受到人們的廣泛追捧。本編所收史料，就反映了這一客觀現實。

署名簡中生的《吳門畫舫續錄》載述，清嘉慶之時蘇州豪門或文人雅聚，初時，開宴前「先唱崑曲一二齣，合以絲竹鼓板，五音和協，豪邁者令人吐氣揚眉，淒婉者亦足魂銷魄蕩」〔註80〕，「今則略唱崑曲，隨繼以【馬頭調】【倒扳槳】諸小曲，且以此為格外殷勤，醉客斷不能少，聽者亦每樂而忘反」〔註81〕。往日被尊為正聲的崑腔，而今卻排斥於堂會演出之外，反而為【倒

---

〔註75〕 李人鏡：《（同治）南城縣志》卷十，清同治十二年刻本。

〔註76〕 參看趙興勤：《清代散見戲曲史料研究》，復旦大學出版社，2018年，第111頁。

〔註77〕 計六奇：《明季北略》卷二，中華書局，1984年，第29頁。

〔註78〕 中國戲曲研究院編：《中國古典戲曲論著集成》第七冊，中國戲劇出版社，1959年，第33頁。

〔註79〕 周碩勳：《（乾隆）潮州府志》卷十二，清光緒十九年重刊本。

〔註80〕 簡中生：《吳門畫舫續錄》，蟲天子編：《香豔叢書》第5冊，人民文學出版社，1992年，第4840頁。

〔註81〕 簡中生：《吳門畫舫續錄》，蟲天子編：《香豔叢書》第5冊，人民文學出版社，1992年，第4840頁。

扳樂】【馬頭調】之類的流行小曲所替代。由於民間小調的盛行，「硜硜論崑曲者，或竊笑為河漢也」〔註82〕。在崑曲的發源地尚且如此，其他地方則可想而知。

而晚清的上海，「崑山曲子，幾如廣陵散」〔註83〕。滬上儘管有四大崑班（大章、大雅、鴻福、集秀）撐持門面，「鴻福班中之榮桂，集秀班中之三多，俱稱領袖」〔註84〕，一旦登場，也吸引得觀眾傾耳注目、擊節歎賞，但畢竟陽春白雪，聽者漸稀。滬人觀劇，實「不喜崑腔」〔註85〕。管理河道之大臣，竟然徑稱河神「雅好秦腔，崑山、弋陽等調，非其所嗜」〔註86〕，在「慶安瀾，演劇酬神」〔註87〕時，只備秦腔戲班一部。說到底，是他們不喜崑腔、弋陽腔，而藉口神所不喜，恰反映出黃河沿岸人們對戲曲欣賞的態度。

北京是個尊重傳統、講究規矩的大都市。商家設在「各街道之商號門面房」〔註88〕，處處都很講究，買賣往來也多是規規矩矩。但在戲曲欣賞方面，卻有趨新厭舊之傾向。往昔，崑腔在北京劇壇占重要地位。清乾隆四十四年（1779），秦腔（又名「琴腔」「西秦腔」「甘肅調」）名伶魏長生入京，歸雙慶部，以演《滾樓》一劇，「名動京城，觀者日至千餘」〔註89〕，「一時歌樓，觀者如堵。而六大班幾無人過問，或至散去」〔註90〕。其徒陳銀官，「兼通幻戲，當場弄巧，幾有青出於藍之譽」〔註91〕。在成書於清乾隆五十年（1785）安樂山樵所著《燕蘭小譜》中，就收有花部名伶44人。而在所收20名崑腔藝人中，四喜官「兼唱亂彈」〔註92〕，周四官「三弦彈詞，

〔註82〕箇中生：《吳門畫舫續錄》，蟲天子編：《香艷叢書》第5冊，人民文學出版社，1992年，第4844頁。
〔註83〕王韜：《淞濱瑣話》卷十二，臺灣《筆記小說大觀》本。
〔註84〕王韜：《淞隱漫錄》卷十一，人民文學出版社，1983年，第531頁。
〔註85〕王韜：《甕牖餘談》卷一，清光緒元年申報館鉛印本。
〔註86〕王濟宏：《籜廊瑣記》卷一，清咸豐四年晉文齋刊本。
〔註87〕王濟宏：《籜廊瑣記》卷一，清咸豐四年晉文齋刊本。
〔註88〕齊如山：《北平》，梁燕主編：《齊如山文集》第8卷，河北教育出版社，2010年，第372頁。
〔註89〕安樂山樵：《燕蘭小譜》卷五，張次溪編纂：《清代燕都梨園史料》上冊，中國戲劇出版社，1988年，第45頁。
〔註90〕安樂山樵：《燕蘭小譜》卷三，張次溪編纂：《清代燕都梨園史料》上冊，中國戲劇出版社，1988年，第32頁。
〔註91〕王培荀：《聽雨樓隨筆》卷六，清道光二十五年刻本。
〔註92〕安樂山樵：《燕蘭小譜》卷四，張次溪編纂：《清代燕都梨園史料》上冊，中國戲劇出版社，1988年，第34頁。

娓娓動人」〔註93〕，得發兒、孫秀林，本為雅部中之佼佼者，後均棄所業。張發官，所隸保和部，本演崑曲，後遂「雜演亂彈、跌撲等劇」〔註94〕。崑腔之衰，可以想見。

清嘉、道間，活躍於京師舞臺的，有乾隆末陸續來京的四喜、三慶、春臺、和春四大徽班，又有重慶、金鈺、嵩祝後起諸班，一時聲名鵲起，幾乎佔領了京師的絕大多數戲莊，如廣德樓、廣和樓、三慶園、慶樂園等，「演劇必徽班」。當時的四大徽班，主要演唱的是徽調的二黃和漢調的西皮。同時，又是與崑腔、吹腔、羅羅、高撥子等聲腔夾雜著同臺演出。崑腔的發展空間受到很大限制。專唱崑曲的集芳班，在上述各戲莊演出的機會很少，而「京腔、弋腔、西腔、秦腔，音節既異，裝束迥殊」〔註95〕，為一般文人所鄙視，但「趙北新音，秦西變調」〔註96〕，照樣為市井群體所歡迎。正如有人所稱：「近日盛行京腔，弋陽腔、徽班次之，至崑曲，則幾如廣陵散矣。」〔註97〕

在天津，有慶芳、金聲、協盛、襲勝諸戲園，「所有戲班向係輪演，有京二簧，有梆子腔。生旦淨丑，色藝俱佳」〔註98〕。還時而有花鼓、影戲、落子、蓮花落、弦子書、大鼓書、京子弟、八角鼓、相聲、時調小曲等，演出於茶館酒肆或街頭大篷等處所。而崑腔，也在某種程度上受到冷落。這一客觀形勢，使得藝人不得不拓展自己的發展路徑，以爭得更大的生存空間。如名伶田際雲（藝名響九霄），幼習直隸梆子，隨師至上海，則改習秦腔。後回京師，他主持的玉成班，則梆子、皮黃兩下鍋。花雅爭勝之狀，由此可見一斑。

## 三、史料所載稀見劇目考

值得注意的是，在本編所輯錄的史料中，還載有不少稀見劇目，這對於我們考證劇目存佚提供了直接證據。

---

〔註93〕安樂山樵：《燕蘭小譜》卷四，張次溪編纂：《清代燕都梨園史料》上冊，中國戲劇出版社，1988年，第36頁。

〔註94〕安樂山樵：《燕蘭小譜》卷四，張次溪編纂：《清代燕都梨園史料》上冊，中國戲劇出版社，1988年，第40頁。

〔註95〕梁紹壬：《兩般秋雨盦隨筆》卷三，上海古籍出版社，2012年，第93頁。

〔註96〕梁紹壬：《兩般秋雨盦隨筆》卷三，上海古籍出版社，2012年，第94頁。

〔註97〕王韜：《淞隱漫錄》卷十一，人民文學出版社，1983年，第531頁。

〔註98〕張燾：《津門雜記》卷下，清光緒十年梓行本。

1.《宋龍圖》

按：莊一拂《古典戲曲存目彙考》、王森然《中國劇目辭典》，均未收此劇。據清袁枚《子不語》（卷九）所載：

> 嘉興宋某為仙遊令，平素峭潔，以包老自命。某村有王監生者，奸佃戶之妻，兩情相得。嫌其本夫在家，乃賄算命者告其夫，以在家流年不利，必遠遊他方才免於難。本夫信之。告王監生，王遂借本錢，令貿易四川，三年不歸。村人相傳：某佃戶被王監生謀死矣。宋素聞此事，欲雪其冤。一日過某村，有旋風起於轎前。踪之，風從井中出。差人撩井，得男子腐屍，信為某佃，遂拘王監生與佃妻，嚴刑拷訊。俱自認謀害本夫，置之於法。邑人稱為宋龍圖，演成戲本，沿村彈唱。

> 又一年，其夫從四川歸。甫入城，見戲臺上演王監生事，就觀之，方知己妻業已冤死。登時大慟，號控於省城，臬司某為之申理。宋令以故勘平人致死抵罪。仙遊人為之歌曰：「暗說姦夫害本夫，真龍圖變假龍圖。寄言人世司民者，莫恃官清膽氣粗。」〔註99〕

文中「演成戲本，沿村彈唱」，可知當時有以上述故事為題材的彈詞之類唱本傳世。又由「戲臺上演王監生事」之載述，知當有同類題材戲曲流播於城鄉。袁枚的《子不語》雖是小說家言，但因其散館後四任地方官，亦曾多次破疑難案件，且交遊廣泛、見聞廣博，所言當有依憑，故予採入。劇名為筆者所擬。

2.《梅玉簪》

按：莊一拂《古典戲曲存目彙考》、王森然《中國劇目辭典》，均未收此劇。清王培荀《聽雨樓隨筆》（卷五）載述：

> 錢香士忻和，雲南人，乙未進士。兩署屏山，升務關全知。題《聽梅玉簪劇》數絕，記其一云：「良緣拚向此生休，一度梅香一度愁。不信風霜久摧折，玉簪仍上美人頭。」〔註100〕

據江慶柏《清代人物生卒年表》，無錢忻和，有錢炘和，字光宇，號香士，乃云南昆明人，生於清乾隆六十年（1795）。〔註101〕檢索《清朝進士題

〔註99〕袁枚：《子不語》，王英志編纂校點：《袁枚全集新編》第十一冊，浙江古籍出版社，2015年，第188頁。

〔註100〕王培荀：《聽雨樓隨筆》，清道光二十五年刻本。

〔註101〕江慶柏編著：《清代人物生卒年表》，人民文學出版社，2005年，第632頁。

名錄》，道光十五年（1835）乙未科，三甲三十七名有錢炘和，「雲南雲南府昆明縣人」〔註102〕。知「忻」應作「炘」，以音同致訛。由上述可知，清嘉、道間有《梅玉簪》一劇傳世，疑為傳奇，作者不詳。

3.《三溪記》

按：莊一拂《古典戲曲存目彙考》、王森然《中國劇目辭典》，均未收此劇。據清徐錫麟、錢泳《熙朝新語》（卷一）載述：

> 吳縣黃端木向堅，父孔昭作宰滇中，姚江道梗不得歸。向堅於順治八年十二月徒步出門，涉歷艱險，周徧於猺獞之地，跰足蠶面，至白鹽井始遇二親。以十年六月歸里，承歡二十年。父母歿，負土營葬。不再期得疾以殉。世稱完孝。好事者為譜《三溪記》傳奇。至今世多演之。〔註103〕

此條大都抄錄自《（雍正）江南通志》卷一五七「人物志」。清初李玉《萬里緣》傳奇，即演黃孝子尋親事。《古本戲曲叢刊三集》收有此劇。該劇《跌雪》《三溪》《打差》等齣，常見於崑曲舞臺搬演，然據「世稱完孝，好事者為譜《三溪記》傳奇」敘述語氣來看，當指劇名，而非齣目，故錄以備考。

4.《陰陽鬥》

按：莊一拂《古典戲曲存目彙考》、王森然《中國劇目辭典》，均未收此劇。清管世灝《影談》（卷二）曰：「弋陽腔班所演《陰陽鬥》有一桃花女。」〔註104〕知清代有《陰陽鬥》一劇，乃弋陽腔演出本。蓋由元人王曄《桃花女鬥法嫁周公》（又名《破陰陽八卦桃花女》）雜劇改編而來。今柳琴戲傳統劇目有《八卦陰陽鬥》（又名《桃花女》）、泗州戲傳統劇目有《周公趕桃花》（又名《陰陽鬥》）。

5.《雙合印》

按：莊一拂《古典戲曲存目彙考》未收此劇。清獨逸窩退士《笑笑錄》卷六引《餘墨偶談》謂：

> 一日，署中演《雙合印》，內有科諢曰：「爾既係算命的，何以把自己算在監裏來？」同人笑之。時孟樸山在坐，曰：「此語可以問周西伯。」眾訝之，乃曰：「西伯演《周易》，拘於羑里，不亦同

---

〔註102〕江慶柏編著：《清朝進士題名錄》中冊，中華書局，2007年，第892頁。
〔註103〕徐錫麟、錢泳：《熙朝新語》，清嘉慶二十三年刻本。
〔註104〕管世灝：《影談》，臺灣《筆記小說大觀》本。

耶！」〔註105〕

王森然《中國劇目辭典》收有此劇，又名《水牢記》《水牢綻裏腳》，乃秦腔劇目，係老藝人口述抄錄本。敍明時惡霸劉應龍，倚仗權相嚴嵩威權，將巡按黃伯興害死，又將張榮陷害入獄，欲霸佔其妻。巡按董洪領旨出京，喬扮相士出訪，代張榮之母寫訴狀，又親往劉家查訪，亦被押入水牢。〔註106〕上引科諢，與秦腔劇目內容相吻合。《餘墨偶談》中所述《雙合印》，究竟是傳奇劇還是秦腔劇本，一時難以認定，姑錄以備考。除秦腔外，京劇、湘劇、川劇、漢劇、晉劇、河北梆子等均有此劇目。

6.《肉蒲團》

按：莊一拂《古典戲曲存目彙考》、王森然《中國劇目辭典》，均未收此劇。清和邦額《夜譚隨錄》（卷九）載曰：

> 大興霍筅、霍筠、霍筤。……筅妻賈、筤妻王，亦妬而不明理者。……會元夜，相與籌劃，布盛宴，邀宜春及蕊兒入城踏燈。王親往迎之，強而後可。宜春翠被紅綃，蕊兒錦裙繡襖而至。筅、筤鞠之於門。既而入席，命梨園演《肉蒲團》，極其穢褻。〔註107〕

《肉蒲團》為晚明的一部豔情小說，敍未央生與多名女子淫亂事。該小說，清初劉廷璣《在園雜志》以為作者為李漁，但研究者多所質疑。將該小說改編為戲曲，且搬演於場上，殊為稀見。和邦額乃清乾隆時人。《夜譚隨錄》則寫成於乾隆四十四年（1779），且「顯示出較強的寫實性」〔註108〕，當較為可信。本作殆為傳奇劇。

7.《花關索》

按：莊一拂《古典戲曲存目彙考》、王森然《中國劇目辭典》，均未收此劇。清程岱葊《野語》（卷七）載曰：

> 康城土地嚴康。《前溪逸志》略云：野老言，康邑奇醜而力，爪牙為兵，革膚為鐵，惟喉三寸肉。妻鮑三娘美而勇。各治兵，為幕府。時有花關索者，年少美容儀。鮑悅而私之，貫康喉而殪。今村莊雜劇演其遺事，而康廟像祀夫婦二人，別祀索於何村，為孤土地

〔註105〕獨逸窩退士：《笑笑錄》，《續修四庫全書》本。

〔註106〕參看王森然遺稿：《中國劇目辭典》，河北教育出版社，1997年，第992頁。

〔註107〕和邦額：《夜譚隨錄》，清乾隆辛亥年刻本。

〔註108〕張兵主編：《500種明清小說博覽》下冊，上海辭書出版社，2005年，第1085頁。

云。康恬力強死，鮑淫奔殺父，索竊妻暴行，而祠宇相望，是崇奸教亂也。〔註109〕

《前溪逸志》四卷，乃清人唐靖所編。唐靖，生卒年不詳，字聞宣，武康（今浙江德清）人。清諸生，性狷介，與韋人鳳、陳之群合稱「前溪三子」，與洪昇有交。另著有《前溪集》十四卷。關於花關索故事，早在 1967 年發現於上海嘉定縣的明成化間所刊「說唱詞話十六種」中，就有《新編全相說唱足本花關索出身傳》《新編全相說唱足本花關索認父傳》《新編足本花關索下西川傳續集》《新編全相說唱足本花關索貶雲南傳》，系列敘述不見史傳的關羽之子花關索故事。且在雲南澂江縣西北、羅次縣西南、尋甸縣易龍驛東，均有關索嶺。在貴州鎮寧縣西、關嶺縣東，也有關索嶺，上有關索廟，傳為關羽之子。這些事實，恰說明此類傳說由來已久。今貴池儺戲劇目中有《花關索》。福建傀儡戲有《九龍記》，亦演花關索故事。

8.《奪女擇配》

按：莊一拂《古典戲曲存目彙考》未收此劇。清程岱葊《野語》（卷二）載述道：

> 康中丞乾隆間官蘇臬時，有婦人擊鼓鳴冤，言故夫浙江進士，宰吳，卒於官。惟遺一女，以官項賠累，貧不能歸，母女僑居，針黹苦度。憑媒嫗某，將女許配松江某為室。昨來娶，簡率可疑。嫗亦隨去，訪之，乃匪徒設局，假娶圖轉賣。姓氏、里貫皆詭託，惟速追猶可及，故情急擊鼓云。公震怒，即發令翼委幹員，攜名捕，飛棹追二百里，中途獲之。公親鞫，所控皆確，媒嫗亦其黨，遂治各犯以略犯律。念女頗端麗，而隨母僑居，食貧孤露，擇配頗難，詰其本籍，亦無可依倚，遂課試書院諸生。有冠軍某生，舊家子，貧未授室。公贈之三百金，屬參軍執柯，聘女為配，以儀從鼓樂導至參軍廨，成禮而歸，且俾其母相依終老。吳人作傳奇演其事。〔註110〕

該劇當為傳奇劇，劇名乃筆者所擬。

9.《姚秋坪破奇案》

按：莊一拂《古典戲曲存目彙考》未收此劇。清許仲元《三異筆談》（卷

---

〔註109〕程岱葊：《野語》，清道光二十三年刻本。
〔註110〕程岱葊：《野語》，清道光二十三年刻本。

二）略謂：慈谿人陳湧金，以販藥於川湖起家。生四子，長子已卒。曾娶吳氏，生女阿貓。次子美思，守藥肆於杭。妻樂氏，性泆蕩，生二子。與公爹湧金有染。三子為貢員，身弱多病，娶長嫂吳氏之妹為妻。四子年幼。因長子無嗣，美思欲以己子入繼。吳氏母女婉拒，欲立小吳氏子為後。樂氏大為嫉恨。吳氏病瘧，樂氏將鴉片等毒物投於藥中，致其死亡。阿貓心生疑慮，間出怨詈，且洩露樂氏隱情。樂氏乃與湧金合謀，誣阿貓與家奴有奸，以鐵簽自口揠其腦，殺之，埋於曠野。縣令黃兆臺不察，寢其事。慈民大嘩。寧波守姚秋坪接審此案，飛札慈谿令來府。黃縣令執迷不悟，議三日不決。秋坪乃提府親審，十日而得其要領，廿日而悉其端委，使案情大白。「初，秋坪乍蒞四明，頗不理於眾口，至此乃六邑交頌之，好事者至演為雜劇。嚴禁之，始止」〔註111〕。文中所述與作者經歷多相吻合，知所記當為實事。本劇即據上述案件創作，劇目乃筆者所擬。

　　10.《蕊珠記》

　　按：莊一拂《古典戲曲存目彙考》未收此劇。清鄒弢《三借廬筆談》卷十一引《樗散軒叢談》曰：「又說黛玉生日打扮宛如嫦娥，演的新戲《蕊珠記》，說扮的小旦是嫦娥，因墮落人間，幾難完璧，幸觀音點化，未嫁而死。」〔註112〕該劇目見於《紅樓夢》第八十五回，謂：「這是新打的《蕊珠記》裏的《冥升》，小旦扮的是嫦娥，前因墮落人寰，幾乎給人為配，幸虧觀音點化，他就未嫁而逝，此時升引月宮。不聽見曲裏頭唱的『人間只道風情好，那知道秋月春花容易拋，幾乎不把廣寒宮忘卻了！』」〔註113〕或以為此劇不見於各書著錄，劇名當是作者杜撰，恐未必然。《紅樓夢》敘及各種戲曲劇目，如《占花魁》《牡丹亭》《琵琶記》《滿床笏》《邯鄲記》《一捧雪》《釵釧記》《西廂記》《西樓記》《荊釵記》等，或演全本，或摘演其中某折，且不乏弋陽腔劇目。書目未收，未必即杜撰。有人認為《蕊珠記》指的就是元人庾天錫的《秋月蕊珠宮》，存以備考。

　　11.《古玉杯》

　　按：莊一拂《古典戲曲存目彙考》未收此劇。據清王濟宏《籜廊瑣記》（卷六）載：「唐荊川先生，一代名儒，與趙蓉湖輩應隔天淵。或言：世俗所

〔註111〕許仲元著、周去病校閱：《三異筆談》，大達圖書局，1936年，第20頁。
〔註112〕鄒弢：《三借廬筆談》，臺灣《筆記小說大觀》本。
〔註113〕曹雪芹、高鶚：《紅樓夢》下冊，人民文學出版社，1982年，1227頁。

演《古玉杯》戲劇，所稱唐表伯者，即荊川也。」〔註114〕或以為《古玉杯》即《一捧雪》，然清初李玉《一捧雪》劇並未敘及唐表伯荊川之事。知清時當有與《一捧雪》題材相類之《古玉杯》傳世。相傳，王世貞（鳳洲）之父忬，「死於嚴氏，實荊川譖之也。姚平仲《綱鑒挈要》，載殺巡撫王忬事，注謂：『忬有古畫，嚴嵩索之，忬不與，易以摹本。有識畫者，為辨其贗。嵩怒，誣以失誤軍機，殺之。』但未記識畫人姓名。有知其事者，謂識畫人即荊川。古畫者，《清明上河圖》也。鳳洲既抱終天之恨，誓有以報荊川」〔註115〕。《一捧雪》已將《清明上河圖》改作古玉杯，此沿其思路，或增唐荊川一色。究竟如何，俟考。今辰河高腔傳統劇目有《古玉杯》（又稱《苦玉杯》），源出明傳奇《八義雙杯記》，情節上略有出入。故事與此不同。

## 12.《再誤緣》

按：莊一拂《古典戲曲存目彙考》卷十三「下編傳奇五・明清闕名作品」著錄有此劇，作者佚名。〔註116〕莊氏轉引蔣瑞藻《小說考證》輯錄《質言》。《質言》即《鸝砭軒質言》，《中國叢書綜錄》「小說家」著錄此書為戴蓮芬所作。《質言》（卷三）謂：

> 予屢遭家難，年弱冠，尚學，太原公木蘭寺寄食。同學孫生為執柯，將聘於里中袁氏。袁翁試所學，決為必售，允焉。歸而疾大作，易簀時，囑妻如約，目乃瞑。鄰翁王，嘗為子求婚於翁，弗許，銜之。聞翁死，經理其喪，數短予於媼。媼意移，徑許王，將聘於六月之吉。女聞，憤不食；媼解勸，終不懌，歎曰：「戴固貧，父命也，且有發時。王特牧豎耳。乘人之喪，而因以行譎。兒豈奸徒能賣者乎？死歸之耳。」會翁百日，王攜子往奠，聞幃中嚶嚶泣，有刺語，漸且詈，聲愈厲。王父子忿然遁，婚事遂中止。明日，媼復遣孫說予。予感女，將議成。媼終惑某無賴言，劫女歸其大賈去。予為惋惜屢日，作《再誤緣》傳奇以志恨。〔註117〕

據此，知《再誤緣》乃《質言》作者戴蓮芬所作。戴蓮芬（1846～？），字薌

---

〔註114〕王濟宏：《籜廊瑣記》，清咸豐四年晉文齋刊本。

〔註115〕蔣瑞藻編：《小說考證》上冊，上海古籍出版社，1984年，第72頁。

〔註116〕莊一拂編著：《古典戲曲存目彙考》下冊，上海古籍出版社，1982年，第1565頁。

〔註117〕戴蓮芬：《鸝砭軒質言》，臺灣《筆記小說大觀》本。

農，號霽峰，通州（今江蘇南通）人。清同治六年（1867）秀才，同治九年（1870）
舉人。曾五上京師，途中陸續作《鸝砭軒質言》。

其他一些地方戲劇目，為各家書目所漏收者亦不在少數，如《夜觀星象》
《夜困曹府》《柴房相會》《花園跑馬》《祭奠項良》《李仙附薦》《金花報喜》
《三婦氣夫》《法場換子》《王大儒供狀》《司馬師搜魏宮》等，有不少是流播
於瀕海都市廣州者，王森然《中國劇目辭典》等未收錄，洵為憾事。

## 四、史料所載場上演出及其他

本編所輯錄的史料，涉及場上演出者甚多。除鄉村花鼓戲之類的地方小
戲外，對北京、上海、天津、廣州、南京等地伶人的戲曲活動及場上演出狀
況均有載述，不一一贅敘。這裡僅擇取少有人論及者略加表述：

其一是表演之靈活。主要體現為伶人演出之時，臨時起意，將日常細事穿
插入劇予以表演。清宋永岳《誌異續編》（卷二）載：

> 一縣令，上房啖餅，未熟，怒與夫人口角，甚至揮拳。閱數日，
> 署中演戲，幕友以此事說與優人曰：「能談言微中，格外賞錢。」優
> 人曰：「諾。」少停，演《爛柯山記》。至朱買臣上任，要打地保。地
> 保求曰：「小人年紀大，打不起了。」買臣曰：「你今幾多歲數？」
> 地保曰：「小人丁丑生。」買臣曰：「前日丙子生，也打過了。何況
> 丁丑？」幕友糾金賞之。〔註118〕

四卷本的《誌異續編》，實即八卷本的《亦復如是》的節本，作者都署青
城子（宋永岳）。宋氏此作，多得自親身見聞，「全書偏重寫實，大半直書耳
聞目睹之事」〔註119〕。如「嘉慶五年，余分篆之地，詢其種植之術」〔註120〕，
「嘉慶五年，余分篆香山」〔註121〕，「惟落菊之說，余嘗至黃，適值菊月，
正欲一驗其落，遂停居月餘」〔註122〕，「李公堯臣，安徽人。余遊吳門時，
日以詩酒相娛者也」〔註123〕，「嘉慶十三年九月，舟過小姑山記此」〔註124〕，

---

〔註118〕宋永岳：《誌異續編》，臺灣《筆記小說大觀》本。
〔註119〕于志斌：《亦復如是》「前言」，《亦復如是》，重慶出版社，1999年，第2頁。
〔註120〕青城子：《亦復如是》卷二，重慶出版社，1999年，第37頁。
〔註121〕青城子：《亦復如是》卷三，重慶出版社，1999年，第69頁。
〔註122〕青城子：《亦復如是》卷三，重慶出版社，1999年，第76頁。
〔註123〕青城子：《亦復如是》卷三，重慶出版社，1999年，第83頁。
〔註124〕青城子：《亦復如是》卷四，重慶出版社，1999年，第105頁。

如此之類甚多，故知此書雖是小說家言，亦有據實而載述者。伶人演《爛柯山記》而穿插搬演身旁生活細事之記載，當可信。另，清車持謙《畫舫餘譚》亦載：

> 吳下某君，假伴竹軒演劇，並邀諸姬之有名者往觀，以悅其所識之某姬也。某姬乃垂簾障客，而屏招來諸姬於簾外，若不屑與之雜坐者。諸姬已不豫。演未半，伶人以小故迕主人，主人誚讓之。
>
> 伶人暗於賓白中事嘲諷，主人忿甚，幾至用武，竟不歡而散。〔註125〕

則是將眼前發生之事臨時編入劇中，「暗於賓白中事嘲諷」，與宋雜劇中的「三十六髻（計）」「二聖環（還）」「取三秦」「煩惱自取」何其相似！可見，就地取材、穿插演出，乃是相沿已久之風氣。如晚清之時，「海內尚新學」〔註126〕，名丑趙仙舫（大鼻子）則趨於時好，「專以新名詞見長。每登臺，改良、進化諸名詞，滿口皆是」〔註127〕。另一名丑劉趕三，禁中演戲，竟借劇中鴇母喚妓之機，將排行五、六、七的惇、恭、醇三家親王直呼為「老五、老六、老七」〔註128〕，以此相戲。江蘇梆子戲演員在演出《打蠻船》一劇時，臨時添加戲詞，將距戲場不遠的濱湖小村落「十三歡」唱出，稱：「我一篙撐到十三歡，永不回還。」引惹得臺下大笑。河南小皇后豫劇團在演出《抬花轎》時，也借場上腳色之口，徑稱「我自豪，我驕傲」「攤上大事了」，把人們熟知、流傳眾口的當紅小品演員孫濤的臺詞直接嵌入劇中，似是在有意蹭熱度，喚起聽眾的審美關注。

其二是角色之扮飾。對於場上人物之扮飾，本編所輯史料多所涉及。這裡僅舉一例。據美國女畫師凱瑟琳‧卡爾《清宮見聞雜記》，皇家苑囿中演戲，惡人皆黃髮，謂：「中國女子，以髮轉黃色為忌。……予見劇中人物，其兇惡之人，往往飾以黃色之髮，其髮愈黃，則其人愈惡。」〔註129〕所言值得關注。江蘇梆子戲早年演出，即是以黃髮暗示女子兇惡、蠻橫、暴躁、狠毒或勇猛、粗莽、彪悍、潑辣之性格。據筆者記憶，幼時所觀梆子戲，如《小姑賢》中惡婆婆焦氏、《反徐州》中花母等，皆是黃髮。稍微不同的是，焦氏之髮深黃近紅，花母則為黃色。民間舊時認為，黃頭髮者一般都很「柴」

〔註125〕蟲天子編：《香豔叢書》第5冊，人民文學出版社，1992年，第4965頁。
〔註126〕徐珂編撰：《清稗類鈔》第十一冊，中華書局，1986年，第5143頁。
〔註127〕徐珂編撰：《清稗類鈔》第十一冊，中華書局，1986年，第5143頁。
〔註128〕孫寰鏡：《棲霞閣野乘》卷下，北京古籍出版社，1999年，第128頁。
〔註129〕〔美〕凱瑟琳‧卡爾：《清宮見聞雜記》，臺灣《筆記小說大觀》本。

（方言，意謂不好惹）。舞臺上的人物裝扮，蓋與民眾心理相關。至於宮廷演劇亦以黃髮隱指「兇惡之人」，無非是順從民俗而已。既然清宮演戲如此扮飾，恰說明當時各地風俗大致趨同，非江蘇梆子戲一家也。當然，隨著時代的發展變化，今人有以染黃髮為時髦，而舞臺上的黃髮老婦則很少見了。

　　其三是名伶之身價。習學戲曲表演是非常艱苦之事。師父非打即罵，視同奴婢，甚至伶僮家長還要與師父訂立生死合同。既入師門，出任何事情，師父不必擔責。儘管條件如此不平等，不少人仍樂意送子女學戲，以蘇、皖、浙為最。除生活所迫外，也與這一行當掙錢較快有很大關係。然而，收入的關鍵不在於入行與否，而在於是否能夠成角。京師伶僮，大都是蘇、揚一帶窮人家的孩子，跟從運糧船來到北方，師從老伶學習歌舞，希圖日後掙得大錢。佚名《燕京雜記》謂：「京師優僮甲於天下，一部中多者近百，少者亦數十。其色藝甚絕者，名噪一時，歲入十萬。」〔註130〕若業師或門下徒弟有名，新入行者是某優之徒，某僮之師弟，「便增聲價，有如父兄之達官，子弟易得科名者」〔註131〕。他們或往酒樓，為達官貴人、商賈闊少侍宴，每次皆有額外賞賜。既享盛名，所居則「擬於豪門貴宅」。室內陳設，周彝漢鼎、衣鏡壁鍾，無所不有。「出門則雕車映日，駿馬嘶風，裘服翩翩，繡衣楚楚。濁世佳公子，固不若也」〔註132〕。「每陪一筵，或酬十金，或酬數金，至賞賜之物，金玉珠翠，貂袍罽錦，莫知其數」〔註133〕。當然，前提是必須有名，且須色藝俱佳。至於成年伶人，有名才有人捧，名人也樂於與之交往。清乾隆之時，王文治（夢樓）以探花及第，名滿天下，又是著名書法家，與劉墉齊名，人以「濃墨宰相，淡墨探花」譽之。「時有名優範介春者，演小生戲，姿態絕世，慕先生書，以粉箋乞為揮毫。明日即書就，署款『介春年兄』，而自稱『年弟』」〔註134〕，人們傳為佳話。而因演藝不精窮餓而死者也不在少數。正如有人所說：作為伶人，「一一俱有父母妻兒，一一俱要養父母、活妻兒」〔註135〕，必須「掌定一戲場戲具、戲本戲腔，至五臟六腑全為戲用」〔註136〕。即便如此，也未必掙得養家餬口之貲。身世

〔註130〕佚名：《燕京雜記》，臺灣《筆記小說大觀》本。
〔註131〕佚名：《燕京雜記》，臺灣《筆記小說大觀》本。
〔註132〕佚名：《燕京雜記》，臺灣《筆記小說大觀》本。
〔註133〕佚名：《燕京雜記》，臺灣《筆記小說大觀》本。
〔註134〕王嘉楨：《在野遺言》卷六，清光緒甲午年重刊本。
〔註135〕錢德蒼：《增訂解人頤廣集》卷七，清光緒乙酉年刊本。
〔註136〕錢德蒼：《增訂解人頤廣集》卷七，清光緒乙酉年刊本。

之可悲，可以想見。

　　當然，本編所輯錄的戲曲史料的文獻價值遠不止此。諸如場上表演伎藝理論、清人對戲曲價值的多重認知、清代中後期人們對金聖歎的同情與理解、中西表演伎藝的碰撞與融合、京滬兩地秦腔藝人的活動場域與創作實踐、大運河與戲曲的傳播等，皆有待進一步探索。

　　戲曲研究是一種涉及多種伎藝門類、生活層面、文學種類、文化視閾的綜合性工程，而研究者的關注點因文獻資料的匱乏，大多僅為一兩個層面，這顯然是不夠的。戲曲在舊時代又是為相當多的正統文人不屑一顧的「小道」，所以有關戲曲的流播蹤跡，大都零金碎玉式地殘存在各類雜著中，搜尋起來極為不便。正因為這一點，我們才更有必要努力跳出學術的「舒適區」，以知難而上的執著追求，去探索戲曲研究層面的更多「未知」。「學者的責任，本是探求真理，真理是學者第一種的生命」〔註137〕。我們相信，隨著史料文獻的不斷發掘，對戲曲史滾動式演進脈絡的把握也會越來越精準，從而為未來「重寫戲曲史」這一宏大願景提供更多助益。

---

〔註137〕宗白華：《學者的態度和精神》，《宗白華全集》第 1 卷，安徽教育出版社，1994 年，第 131 頁。

# 說　明

一、《清代散見戲曲史料彙編》（以下簡稱《彙編》），旨在對散見於清代古
　　籍中的各類戲曲史料進行較為全面地鉤稽、整理和出版，以利學界翻
　　檢。

二、《彙編》作為一項宏大的學術工程，已被編者列入計劃的有「詩詞卷」
　　「方志卷」「筆記卷」「小說卷」「詩話卷」「尺牘卷」「日記卷」「文告卷」
　　「圖像卷」等。至於清代戲曲序跋，因已有多人整理、研究，資料已搜
　　集得較為完備，為避免重複勞動，一般不再納入《彙編》序列。

三、《彙編》「筆記卷」主要輯錄清代筆記中散見的戲曲史料以及相關史料
　　（戲曲論著專書除外）。因清代筆記數量之巨，以一己之力，實非一朝
　　一夕所能窮盡，故先出版前兩編，《三編》《四編》有俟來日。本編以
　　後每編所收文字，大致 30～40 萬字。

四、本編共列 130 家，其中有數家與「筆記卷·初編」重見者，係補「初編」
　　所收戲曲史料之未逮。

五、本編所輯筆記，時間以清代為限，但亦包含民國重刊、重印本。

六、對於易代之際作家，凡主要生活於清代者，本編均將其筆記作品納入
　　收錄範圍。

七、本編所輯筆記，大致按照筆記作者生卒時間進行排列。同一生年者，則
　　以卒年先後為序進行排列。在介紹不習知之作者生平時，本編通常注明
　　文獻出處。

八、本編所輯筆記，兼及與戲曲發展相關的其他伎藝，如唱曲、說書、雜
　　耍、影戲、雜技、幻術等內容，力圖全面反映戲曲活動之文化場域以

及生成、發展之全貌。

九、本編所輯筆記，一般依據古籍或權威出版社排印本輯錄。

十、本編所輯筆記，原文缺損或漫漶無法辨認者，以「□」符號予以標識。明顯錯訛處直接改正，異體字、通假字酌情改為正字，一般不作說明。避諱用字徑改。

十一、本編所輯筆記，明顯扞格不通或有脫（衍）字者，則參校他書予以補入或改正；無他書可據者，則以「□」符號表示闕文，或於文後加案語予以說明。校補原文時，為疏通文意所補的時地、人名等字，字號與正文同，外用圓括號標示。訂正後的字，外用六角括號標示。

十二、所輯之筆記原文無標題者，本編代為擬目，並於擬目後加「＊」符號。原文中的雙行小字，本編以縮小一號字標示，外加圓括號。凡注釋、案語等，字體皆縮小一號。

十三、本編所輯筆記，均詳細注明出處，以省讀者翻檢、對勘之勞。書後另附「主要徵引文獻」。

二〇二一年九月

# 孫承澤

孫承澤（1592～1676），字耳伯，號北海、退谷，山東益都（今青州市）人，世隸順天府上林苑（今河北大興）。明崇禎四年進士，官至刑科都給事中。明亡，李自成授為防禦使。入清，歷官兵、吏兩部侍郎。年六十，引疾歸，家居卒。（事見〔清〕錢儀吉《碑傳集》卷十。張撝之、沈起煒、劉德重主編：《中國歷代人名大辭典》上冊，上海古籍出版社 1999 年版，第 789 頁）

茲據清光緒七年（1881）孔氏三十有三萬卷堂刻七十卷本《古香齋鑒賞袖珍春明夢餘錄》輯錄。

## 考勞酒

弘治元年二月，上親耕耤田；禮畢，宴群臣。時教坊司以雜劇承應，或出狎語。左都御史馬文升厲聲曰：「新天子當知稼穡艱難，豈宜以此瀆亂宸聽。」即去之。（卷十五，第 16 頁）

# 談　遷

談遷（1594～1658），原名以訓，字仲木，號射父。明亡後改名遷，字孺木，號觀若，自署江左遺民。浙江杭州府海寧人。明諸生，入清不仕。（張撝之、沈起煒、劉德重主編：《中國歷代人名大辭典》下冊，上海古籍出版社1999年版，第2049頁）

茲據中華書局1960年版九卷點校本《北遊錄》輯錄。

## 演劇祝釐*

癸巳（公元一六五三年，清順治十年）

（閏六月）辛巳，晚眺於下津橋，不異蘭臺之風。是夕，舟人為太史子祝釐演劇。余登飲頗酣。（《紀程》，第4頁）

## 賽神*

（閏六月）癸未，是日吳人賽司疫之神。……返同朱太史於門旁觀賽者，多角抵之戲。（《紀程》，第4頁）

## 演《麒麟閣》*

（七月）乙未，朱太史招吳丹陽遊金山。……順濟龍王廟，韓世忠伏兵墮兀朮處。傍祠世忠，當肖兀朮像其下為快。順治初，梨園演《麒麟》傳奇，至兀朮哀告轅門，改肩輿睥睨狀。主席不以為然。又弘光元年，吏部侍郎德清蔡奕琛入相，於翰林院開宴，末劇則兀朮哀告轅門也。人事不修，妄相矜詡。（《紀程》，第9頁）

編者案：《麒麟罽》（又名《麒麟記》《麒麟墜》），乃〔明〕陳與郊所作傳奇，「今存明萬曆間海寧陳氏原刊本，收入《古本戲曲叢刊》二集」（齊森華等主編：《中國曲學大辭典》，浙江教育出版社 1997 年版，第 358 頁）。

## 梨園赴東嶽廟*

甲午（公元一六五四年，清順治十一年）

（三月）戊午，都人聚禱東嶽廟，在東便門外。梨園各列幟以赴之。士女填道，余不能從也。聞乘輿雜出，時未之辨。（東嶽廟帝像，相傳元昭文館學士寶坻劉元造。）（《紀郵》上，第 58 頁）

## 觀劇*

（四月）辛未，晴。同友人觀劇。是日不勝杯酌。

（六月）丙戌，陰。同燕觀劇，以朱太孺人生辰也。（《紀郵》上，第 60 頁、第 65 頁）

## 演《浣紗記》*

乙未（公元一六五五年，清順治十二年）

（六月）辛巳，朱太史壽其母，演《浣紗》傳奇，至句踐渡江。噫，傷此事今日之不再也！余淚淫淫欲下矣。（《紀郵》下，第 111 頁）

## 王介人傳

橋里南三十里曰梅溪。里以布衣稱詩，則吾友王介人[1]也。今夏道卒。王子往時嘗屬予傳，卒卒無以應。今無祿，介人即世，豈有食言談仲子乎？而傳成，疇為聽之。念介人不吾暝，即地下猶待目焉。介人名相[2]，父業染。少不治帖括，塾師蘭陰唐生能詩，聆其緒論。尋廢學，日坐肆門紹父業，則手書不輟，淫思刻至。粗研如砥，隃糜之汁，濡楮特莊謹。人以錢帛問，忽忽漫應，稍折閱，一市人皆笑以為狂。又同里之閭，誤謂王生佻達，有微詞，殊不長者，速之訟。而介人性疏豁，其稱詩齗齗少所可；於陰陽捭闔，非其素也。田租三十鍾，足支伏臘。益治詩數百篇，驟得之，儼若一敵國。尋見於李氏所，被褐極論，雖銅盤會食，猛然欲戟鉅鹿下。自後數過從，詩日進；兼工詞曲，高自標目，雛視諸名家。下士聞之，渺若河漢，仍謂王生狂，而終不貶口。奮臂決臆，聽者彌駭，出者彌戇。然介人才特俊，字組句烹，姿媚橫生，朝霞夕煙，

霏霏筆墨間。琢以天斧，潤以清渭，其詩若詞，洵足傳矣。又傳奇、雜劇數種，雄麗極變。王敬夫、盧次楗而在，未之或先也。（《紀文》，第 257～258 頁）

編者案：〔1〕王翃（1603～1653），字介人，號二槐，浙江嘉興人。明末清初戲曲家，作有傳奇《紅情言》《榴巾怨》《博浪沙》《紈扇記》《詞苑春秋》（一名《留生氣》）及雜劇《明妃》《蕙娘》《邢夫人》等多種。

〔2〕「相」，《續修四庫全書》第 737 冊影印抄本《北遊記》同此。《橋李詩繫》卷二十四《秋槐老人王翃》則作「翃」，當以「翃」為是。

# 王斤

蘭陽王斤，字王屋，崇禎辛未進士。敏給善諧謔。壬申除滋陽令，六月蒞事。十八日以魯宗人壽鎔殺以濊。斤承牒治其獄，鞭壽鎔十五，忤魯王，為巡按御史所劾，逮下法司，謫戍睢州衛。行時，斤御輿赤幩，列二赤棒，牌書「欽戍睢州」。其姻家嘗招飲，斤戴金冠而往，凝坐不一語。酒半忽起，入優舍，裝巾幗如婦人，登場歌旦曲二闋而去。其狂誕類此。（《紀聞》上，第 325 頁）

# 崔青蚓

都人崔青蚓，順天諸生也。善書繪，軌守寂，無子。贅婿無賴，盡破其產。甲申之亂，竟餒死。吳駿公先生題其《洗象圖》云……駿公先生又工詩餘，善填詞。所作《秣陵春》傳奇，今行世。（《紀聞》上，第 329～330 頁）

# 李蓘

內鄉李蓘於田，嘉靖癸丑進士。選庶常，授檢討，左遷南京儀制主事，歷提學副使，罷歸。蓘多藏書，好學，著《于塤注筆》諸書，援據該博。其持論多訾毀道學，譏評氣節，而詆王守仁太過，言多失實，諸篤信者弗與也。左官家居，好縱倡樂。有所狎女優往來汴洛間，蓘微服往從之。女優登場，為之按節，群優漏言於主人。主人延坐，歡飲竟日，借廄馬與女優連騎而去。中州人至今傳其事。（《紀聞》上，第 342 頁）

# 鄭之文

南城鄭之文應尼，公車下第。薄遊金陵。時北里馬湘蘭負盛名，與王百穀諸公為文字飲，易視應尼。應尼與吳非熊作《白練裙》雜劇，極為譏調。聚子弟演唱，召湘蘭觀之。湘蘭為之微笑。（《紀聞》上，第 342 頁）

## 祁彪佳

祁氏過紹興偏門內之能仁寺，有豕臨刃哀鳴，閔之，問值四金，命脫之，放寺中。凡三十年，去歲死，重可五百斤。（《紀聞》上，第 346 頁）

編者案：祁彪佳（1602～1645），字虎子、幼文、宏吉，號世培，浙江紹興人。明代戲曲理論家、戲曲作家，撰有戲曲理論著作《遠山堂曲品》《遠山堂劇品》及傳奇《全節記》《玉節記》。

## 伶人馬錦

金陵伶人馬錦，其先西域人。嘗兩坊角技，演《鳴鳳》傳奇。而西部李氏為嚴閣老獨絕，馬錦自以為不如，竟遁。遁三年，還故部，告諸客部曰：「今若奏鳴鳳，願效所長。」於是貌嚴相以角，奏畢，李氏大驚服。夜問所自，錦曰：「我安所自哉！聞今相國顧秉謙，猶嚴相也。走京師求為其門卒三年，日於朝房察其舉止，聽其語，久能得之。此吾之所師也。」李氏曰：「善。」（《紀聞》上，第 346 頁）

## 朝饗

癸巳正月朔，昧爽，上堂祭□□□，百官候午門外。有頃，……上御露輦，自殿側東門出，黃蓋曲柄，二金爐，導入太和殿。內大人二，傳諸臣入。各手攜坐氈，升自左階，歷太和、中和二殿，至位育宮前，東侍。大學士范文程先入，傳賜序坐。文程又傳問各年貫宦履，轉奏訖。於是進御幾，幾蒙袱，飾以金寶。去袱，俱黃金器。命諸臣饌，銀器，米長粒甘香，不知所產。進滿洲舞，凡二三十人北面立，衣文豹者持彩箕一，背畫虎頭。最西一人，少前而歌，箕人齊以杖扛其背，戞戞有聲，作磬折狀。以太常武舞，用干者又少前，衣貂錦朱頂金帶者四人，結隊舞，低昂進退有度。一隊畢，輒更一隊，四更隊乃已。又進魚皮舞，皮支部樂也。舞亦四人，旁四人佐以琵琶、胡琴。又進高麗人觔斗之戲。上大歡笑。又進關東樂，繼以教坊司樂。每奏技，文程傳諭，此某部伎也。又優人演雜劇。偏酌金觥，薄暮徹席，賜諸臣攜回。（《紀聞》下，第 349～350 頁）

## 丁耀亢

諸城丁耀亢野鶴，任容城縣學教諭，作《青氈樂》《青氈笑》二劇。其《青氈樂》：

　　【北新水令】高名不列薦紳編。別有儒林便覽。行藏原是隱，羈旅號為官。瀟灑清閒。又休看作風塵下賤。【南步步嬌】空堂四壁紅塵遠。鎮日把重門掩。翛然似遠山。風雨疏簾。靜把圖書展。鳴琴仔細彈。歌一曲猗蘭空谷無人見。【北折桂令】老頭巾不受人憐。說甚麼炎涼冷暖，苦辣酸甜。到處有酒瓢詩卷。龍泉射電，彩筆如椽。扶世界不用俺。登朝上殿挽江河，那用俺進表陳言。天賜平安。平安。一任盤桓。受清貧料沒有暮夜黃金，論官箴那裡討犯法青錢。【南江兒水】把傀儡，排場戲，看長安棋局翻。見多少掀天揭地興亡亂。白衣蒼狗浮雲變。朝更暮改蜃樓幻。月落酒闌人散。夢醒邯鄲。續不上儒門公案。【北雁兒落帶過得勝令】穿一件舊烏青破絹衫。吃幾口淡黃虀閒茶飯。白鬍鬚扮出個四皓賢。黑皮靴活像個鍾馗判。熬不出郭汾陽將相權。也沒有伍子胥髑髏劍。森嚴。明倫堂緊對文宣殿。回也麼賢。俺是個活壽星長命的老顏淵。【南僥僥令】青雲時已暮，白日夢長閒。只當做參禪持戒把雄心煉。也何須訪名山費往還。【北收江南】呀做張良辟穀去求仙。學蘇卿嚙雪並飡氈。到如今聞韶三月食無鹽。又何用熬煎。又他道是不是煙火古瞿曇。【南園林好】對明月星斗斕斑。對松影風露連翩。受用些燈昏酒淡。得意處竟忘言。又【北沽美酒帶過太平令】履平地靜波瀾。拋舟楫任長川。正好在蘆花岸。閒看魚龍罷釣竿。似遼陽鶴反。弔城郭，閱塵寰。又何須雕盤美饌。又何須錦衣繡幔。又何須油車翠幰。又何須瓊樓曲檻。俺呵這的是隨緣遇緣。知天樂天。呀素位中春風無限。【清江引】高陽知己何時反。濁酒自家勸。文章鏡裏花，富貴風中線。不覺的飯牛歌歸去晚。右《青氈樂》。

　　【北新水令】笑學官不是等閒來。想八字有前生冤債。才名成一笑，命運自然該。酸腐形骸。又跳不出黌宮以外。【南步步嬌】三間官署門窗壞。瓦漏將泥蓋。東西分兩齋。屋塌牆歪。有個官兒在。少米又無柴。好一似孔仲尼獨自遊陳蔡。【北折桂令】明倫堂沒甚安排。見了個懸鍾破鼓，四壁塵埃。並沒有排衙皂快。投文畫卯，放告抬牌。有幾個冷秀才打躬下拜。有幾個老門斗少襪無鞋。破廟枯槐。古碣荒苔。本像個野寺頭陀，又多了行香送考，瘦馬空街。【南江兒水】逢節令，門生到，見青錢，紙裏來。料不如揚州十萬腰纏快。買燒刀只辦的黃虀菜。買豆腐只拌的青鹽塊。惹的師娘見怪。他道夫貴妻榮，全不見紫袍金帶。【北雁兒落帶過得勝令】又撞著容城縣水潦有荒災。眾門生逃散他州外。只望著春秋祭大開齋。又誰知鄉飲酒仍停待。把俸薪銀丟放開。眾工食從何派。說甚麼高才。何處抱文章賣。說甚麼雄懷。何

時笑眼開。奇哉。老先生錯把青天怪。癡也該駭。遙指望受飢寒熬出薦語來。【南僥僥令】才名多不遇，壯士命常乖。只見鬚髮蒼蒼朱顏敗。為甚的走風塵，困駑駘。又【北收江南】呀籌官星八座與三臺。論文章李杜和鄒枚。辜負了風雷寶劍竟塵埋。到如今丟開。困鹽車不見一人哀。【南園林好】升縣令歲月駛捱。轉國學進部求差。妄想中許多境界。酬餓眼鼓空腮。又【北沽美酒帶過太平令】山鳥倦。盼蒿萊。雲出岫，困煙霾。現放著青山在。茅屋疏籬竹樹栽。訪詩朋酒儕。烹茗筍，坐松崖。命孤舟長江一派。駕籃輿青林一帶。任陰晴風濤澎湃。任炎涼浮雲草芥。俺呵也不羨州才縣才。鶯臺柏臺。呀老學官不消把黃粱夢賽。【清江引】功名困頓真苦海。誤把儒冠戴。風波世路難，日暮光陰快。早學個歸去來彭澤宰。右《青氈笑》。（《紀聞》下，第 381 ～383 頁）

## 伶人

　　上不善酒，所征諸伶，各召試，人賜段二匹、銀三十金，同闈人寓直。（《紀聞》下，第 413 頁）

# 馮　班

馮班（1602～1671），字定遠，號鈍吟居士，江南常熟（今屬蘇州市）人。明諸生，入清不仕。師事錢謙益，持論影響趙執信。

茲據清道光二十一年金山錢氏守山閣刊何焯評十卷本《鈍吟雜錄》輯錄。

## 南曲多借音*

音韻真自難知。如南北曲子，北詞用韻極切，南多借音。吳江沈璟作《南詞韻選》，嚴於取韻。今人宗之，不知北人聲切，開口便見字韻，不得不嚴；南人聲浮，一字或數轉，故韻可借。沈君全不解也，惟見程孟陽頗知此意耳。

（卷三《正俗》，第 13 頁）

## 周德清分韻*

周德清《中州韻》所據者，止是當時語音。自云嘗於都會之所，聞人間通濟之語也。自沈、謝至元時，已數百年，語音訛變，豈可以今時俗間語追定古人聲律耶？千載之下，知古人音詞正賴於韻書耳。既不准信，則流俗方言日訛日改，何以正之？止如《詩》云：「思齊太任，文王之母。思媚周姜，京室之婦。」母、婦二字，自應讀如韻書矣。德清尚不知，不學如此，而譏沈休文，豈不可歎！或難曰：「周德清誠不知古音矣。陸法言輩亦應是當時語言，隨時可矣，何必古人？」應之曰：「古人經學相傳，皆有韻讀。漢末已有翻語（許慎、孫炎），觀陸德明《經典釋文》可知也。休文多學，定四聲時自應有本。顏之推小學甚深，《家訓》有音詞之篇，與法言共定韻書，其裁之審矣，不如德清直以意突也。」侏儒問天於長人，以為猶近之，若問於僬僥，

則無此理矣。德清之論陰陽是也，然字音乃有可陰可陽者，亦不別出，今製詞者都不知。（德清分重濁為陽、輕清為陰，亦似倒置天地之理。近見楊道升云，〔明〕王驥德伯良，號方諸生，作《曲律》，已議其分屬之舛逆。）誠齋又有《瓊林雅韻》，全用北音，又與周韻不同。詩賦，古人之業，自當以沈韻為主；詞曲，用周德清可矣。（祝枝山之論如此。）（卷三《正俗》，第 13～14 頁）

# 王崇簡

王崇簡（1602～1678），字敬哉，順天宛平（今屬北京市）人。明崇禎十六年（1643）進士，選庶吉士。清順治二年（1645）重入都補官，歷至禮部尚書。年六十，以疾致仕。卒，諡文貞。為人醇厚，喜從諸名士遊。（張撝之、沈起煒、劉德重主編：《中國歷代人名大辭典》上冊，上海古籍出版社1999年版，第216頁）

一、據清康熙間刻《說鈴》所收一卷本《冬夜箋記》輯錄。

## 傳奇淆亂*

每觀傳奇，輒歎前賢父母妻妾為其淆亂。如玉蓮，王梅溪十朋之女；孫汝權，梅溪之友。梅溪劾史浩八罪，汝權實慫惥之。浩所切齒，遂妄作《荊釵》傳奇，故謬其事以蔑之。如王曾少孤，鞠於叔氏；無子，以弟之子繹為後。而傳奇則載其具慶生子事。呂蒙正父龜圖多內寵，與妻劉不睦，並蒙正出之。頗淪躓窘乏，劉誓不復嫁。及蒙正登仕，迎二親同堂異室，孝養備至。傳奇乃以蒙正妻為其父所逐，更為淆亂。（第26頁）

二、據臺灣《筆記小說大觀》所收石印一卷本《談助》輯錄。

## 籍田歌章*

明籍田，教坊承應，歌詞鄙褻。崇禎十五年，以科臣摘奏傳諭禮部：以後畊籍，宜歌《豳風》《無逸》之詩。其教坊所扮黃童白叟鼓腹謳歌及佯醉狀，委為俚俗，斥令改正。天地之舞，不宜扮天神褻瀆。禾詞宜頌不忘規，令詞臣另撰擬。（第20編，第3695頁）

# 吳偉業

　　吳偉業（1609～1672），字駿公，號梅村，江南太倉州（今屬蘇州市）人。明崇禎四年（1631）一甲二名進士，授編修，充東宮講讀官，再遷左庶子。弘光時授少詹事，乞假歸。清順治九年（1652），用兩江總督馬國柱薦，詔至京，侍郎孫承澤、大學士馮銓相繼論薦，授祕書院侍講，充修太祖太宗聖訓纂修官。十三年（1656）遷祭酒。後奔繼母喪南歸，家居十四年而歿。作詩取法盛唐及元、白諸家，創「婁東派」，世稱「梅村體」，影響深遠。詩文外，尚作有《通天台》《臨春閣》雜劇及《秣陵春》傳奇。見《清史稿》卷四八四、《晚晴簃詩匯》卷二十等。

　　茲據臺灣《筆記小說大觀》所收三卷本《鹿樵紀聞》輯錄。

## 福王上

　　十月己卯朔，大學士高宏圖（字研文，膠州人）既謝政，無家可歸，流寓會稽；國破後，逃野寺中，絕糧而卒。當高宏圖在位，福王猶時親政事，及馬士英代為首輔，福王拱手聽之，深居禁中，惟以演雜劇，飲火酒，淫幼女為樂。民間稱之曰老神仙。以解學龍為刑部尚書，學龍字石帆，興化人；又命阮大鋮巡江。先是錢謙益入都，其妾柳如是戎服控馬，插裝雉尾，作昭君出塞狀；及阮大鋮誓師江上，衣素蟒，圍碧玉，見者詫為梨園裝束，皆服妖也。（卷上，第 10 編，第 5370 頁）

　　除夕，福王居興寧宮，愀然不樂，太監韓贊周進曰：「新宮宜歡，而皇上如有所慊，得毋念皇考乎？」福王不應，既而曰：「梨園殊少佳者。」（卷上，第 10 編，第 5372 頁）

## 福王下

丙戌，端陽節，福王在宮演劇。（卷上，第 10 編，第 5377 頁）

辛卯，內傳選中三淑女放還母家，召馬士英入見。士英無語，惟書一避字於幾而退。午刻，集梨園演劇，福王與諸內官雜坐酣飲。三鼓，同後宮宦豎跨馬出聚寶門；奔太平，投黃得功。（卷上，第 10 編，第 5377～5378 頁）

## 馬阮始末

時兵荒之後，王師所過，隨征官往往無從取食；獨大鋮必羅列鮮肥，邀諸公暢其口腹，諸公訝之，曰：「此日用應酬耳！吾用兵不可測度，亦類此。」諸公故聞其有《春燈謎》《燕子箋》諸劇本，問能自度曲否？即起執板，頓足而唱。諸公多北人，不省吳音，則改唱弋陽腔，諸公於是點頭稱善曰：「阮君真才子。」有黑內院者，頗好文墨，學為詩，才得押韻，便為擊節歎賞。內院於是日為唱和，曰：「阮君吾詩友。」（卷上，第 10 編，第 5415～5416 頁）

## 唐王

適聿鐹至，乃與何吾騶、顧元鏡、王應華等復奉之稱帝，改元紹武，以都司署為行宮。即日封觀生建明伯，與元鏡、應華並東閣大學士。時倉卒舉事，通國奔走，夜中如晝。不旬日，除官數千，冠服皆假之優伶云。（卷中，第 10 編，第 5420 頁）

## 桂王上

先是肇慶又得吳三桂密奏，群下咸謂中興可望坐致，益復泄沓；惟借考選考貢，朝夕納賄。王皇親新教梨園子弟班成，文武諸臣，無日不會，酣歌恒舞。瞿式耜在桂林，累次上書，言：「宜君臣宵旰，肅官常，作士氣，以圖恢復。」莫有以為意者。（卷下，第 10 編，第 5460 頁）

# 黃向堅

　　黃向堅（1609～1673），字端木，號存庵，江蘇吳縣（今屬蘇州市）人。父黃孔昭（字含美，號石衣），官雲南大姚知縣；國變後，阻兵不得歸。向堅子身往尋之，卒酬願以還。明末清初戲曲家李玉（1591？～1671？），據其事蹟，譜為《萬里圓》（又名《萬里緣》）傳奇。有舊抄本，收入《古本戲曲叢刊》三集。（張撝之、沈起煒、劉德重主編：《中國歷代人名大辭典》下冊，上海古籍出版社 1999 年版，第 2081 頁）

　　茲據臺灣《筆記小說大觀》所收一卷本《黃孝子尋親紀程》迻錄。

## 黃孝子尋親紀程提要

　　清黃向堅撰。崇禎癸未，父含美官滇之大姚令，屬鼎革之秋，音問闊絕。向堅不忍父滯遠方，出萬死不顧一生之計，昕夕奔走至二萬五千里有奇，卒如其願，奉二親以歸。編中於山川險易、民風澆厚，不遑詳載，跋前躓後之時，無足怪也。至敘地名，曰歷、曰過、曰入、曰達、曰至、曰抵，一字不苟，具有史筆。惟岾屺圖無一存者，為可惜耳！

## 黃孝子尋親紀程序（胡周鼒撰）

　　吳趨黃子含美，以名孝廉累試春官不第，鬱鬱謁選人，得滇之大姚令。予與黃子少同庠，又同舉於鄉也，知之深。其家廉讓而無帶郭之田，其人貌類臞仙，蹤跡落莫而不近於富貴。令爾時婉轉公卿故人閒，上之衣朝衫、趨走龍尾道，次亦方州雄縣，強項自顯而萬里投荒，孤羈絕徼，蹢躅烏蠻玀鬼閒，有非逋臣遷客之所堪者。黃子鹿車載家，傴塞就道，親朋相送，嘗嘗莫

能訾省，是歲明之崇禎十六年也。其明年，圜方改步，興朝御天撫運，奄有區寓，齊趙雍梁，傳檄而定。又明年，江黃甌越，盡歸版章。維彼南荒，晬閉氏筰，士大夫遠宦天陲者，道隔不能通。又五六年，巴蜀枸醬、大夏邛竹猶未入獻。職方黃子有子向堅，思親既久，淚下莫收。一旦告墓辭家，獨行尋訪，以順治之八年辛卯冬十二月悢悢出門，風飧雨臥，斷盡草鞋，萬里雲南，終須直到。明年夏五，見父於白鹽井。其冬，奉父若母還鄉，以筍輿載二老人，短衣隨後，萍蓬漂泊，歷盡懭悷，禍散殃消，每得甘寢。以明年癸巳夏六月竟抵家門，里中耆舊望而驚曰：「噫嘻！炯如鷗行，矯如鶴立。夫非黃孝廉也耶？破帽蒙項，蕉衫掩骼，夫非徒步訪親之黃生也耶？賢哉孝子，史傳罕聞！」於是，相率造門執孝子手，問曰：「自君之出矣，山程幾何里，水程幾何里？其間垠崖崩豁、崗岩寒崖何以前？溪流怪惡、風濤沟湧何以濟？自信州、醴陵以達湘潭、五溪，過紫岡、黎峨以至牂牁、羅甸，關山迢遞、歧路蒼黃，其間城郭依然、麻菽被野者幾何所？井邑邱墟、人煙荒絕者又幾何所？」孝子引袳拭淚，具以告明。明日，又更端問曰：「戍樓驛館，失路誰憐？清柝嚴更，譏訶不免，且山猨晝嘯，乳虁向人，爾能不憂否？枯骴飛蟲，羊肝化火，爾能不懼否？實蠻煙毒霧、凍雨悲風則蓋覆乏；手龜足繭、繄急筋瘲則痛苦多。吾儕偷生坎溜間，不知行路，願吾子悉言之，以廣見聞。」孝子仰首歔歃，又具以告。明日，復更端問曰：「始君之往，如泛梗然，不有其身。迨其歸也，坐兩白頭於篋輿，出神焦鬼爛之鄉、鳶跕蛇腥之險，自帶飯囊蹣跚在後；視向所歷，既悼前猛，又生新懦。且公已與其士民習。炎方流寓，亦有賈島其人者；青蚙小邑，有諸葛武侯遺跡焉。奈何必以錦城雖好、不如還鄉為若翁勸也？今若此，殆有天幸！願吾子畢其說。」孝子於是俛首泣下，曰：「馬思故櫪，人思故國，此愚父子之鄙情也。不足為長者道。」乃抽枕凹，出《紀程》一卷，墨蹟慘淡，半漬血痕。同輩哀其志以授梓人，乞不敏一言序具篇端。嗟乎！鍾儀之操南音，莊舃之為越吟也。人孰有不懷其鄉土、思其邱墓者哉？況黃子解組投閒，蕭然一詩翁禪子耳。徒以筋骨老懶，將伯無人，自非有子擔囊取薪，斧冰作糜，能無水深梁絕乎？非是父，無以見志士之苦心；非是子，無以彰拙宦之清節。雖曰父子天性，蓋亦有相成者矣。或曰：孝子非能憑虛躡景，膺騰撇波也。而奮衣振跡，不難至西僰南窮之域，是操何術歟？《列子》有云：秦人有迷罔之疾者，天地四方猶且倒錯。予曰：不觀李廣之夜獵乎？見草中石以為虎，射之中石沒鏃；

異日射，終不能入。無他，誠能動物，精烈所激，無有間之者也。孝子惟知有親，雖龍堂虎穴，生死一瞬，心無退轉，苟非其誠，十步之內，愯縮如鼠矣！史稱江次翁負母避難，躬自輓車，不用牛馬，皆此意也，又何疑焉。

順治乙未初春，年家友人胡周鼎題。

## 黃孝子尋親紀程序（李楷撰）

紀程者，紀三吳、六詔之程也。曷紀乎？昔在明時，猶戶庭然，屬者間阻，龍節虎節，有所弗信；而孝子尋親，乃歷險能亨，跋涉荒遠，故作紀焉。孝子者何？姑蘇黃向堅也。曷言乎孝？以其父令大姚，滯宦滇南，孝子辛茶以往，迎與俱歸，微但其身得承膝下之歡，使其父亦修禴祀於祖廟，無有關遺孝其親？且成親之孝，天下之言孝者未之或先也。孝子即不敢有孝名，固辭於人。人之稱向堅者必曰孝子、孝子云。大姚含美氏之在滇也，向堅乃在其里。積其誠敬通於神明，天之所佑，率以完聚。予蓋讀其《紀程》而重有感焉。寰宇分合，自古已然。構兵之際，民罹水火，仳離怨謶，骨肉永隔。子不舞斑，老不首邱，其可悲者，史不勝書。大姚父子獨有天幸，苟非素行無罪於鬼神，曷以臻此！且聞之《戴記》曰：「孝者，所以事君也。」《禮緯》有言：「求忠臣必於孝子之門。」蓋《孝經》一書，天明地察，事君不忠，非孝也。以子括臣，實無漏義。虹玉告備，不煩《忠經》之補作。以予觀於大姚，備嘗險阻，久而弗渝，退棲羊谷，幾以投荒老矣；而至性所鍾，不忍棄其墳墓，忠孝共貫，心跡亮徹。非是父不生是子，淵源所厚，可不謂之難歟？乃若紀中所云楊公畏知者，滇人感其庇、憫其死，尸祝而祀之者甚眾。楊為予鄉人，庚午舉第一，以道臣歷官相國。予因黃生之言，因附著之。

河濱李楷叔則甫撰。

## 黃孝子尋親紀程

崇禎癸未歲，父除授雲南大姚令，挈母及從弟之任。後適逢鼎革，關山阻絕，干戈載途。言念二親歸期，杳不可問，堅夙夜彷惶，痛傷眯目。且遭外侮橫陳，幾至無家，屏居隴畝間，茹茶拮据，筆硯塵封，殆不敢作安飽想。時拜墓側，訴己不孝，置父母於絕域而不之省，猶得為人後也耶？深愁困苦中，每攝念靜思，雖山長水遠，

決無限足之程，但恐不能一日鼓勇踏出大門耳。維時患難稍平，堅
神悚悚動，儼如親之召我行矣。乃趣家人簡點征衣，含悲相勖，終
不出一齦阻之言滯我行蹤。克期別諸親朋，疑信相半，止予不得，
饋我以贐，酌我以酒，贈我以言。堅惕焉感拜，於是遂行。

　　順治辛卯臘月朔，拜墓辭家，臨別，視身如蛻，不令兒女子輩悲涕牽衣，
亦不忍回首分付一語。承五六長幼至戚相送登舟，瞬息天涯，發舟之江城，索
王雨民家書不得。計程五日抵杭，至江頭覓船，南望雲山層迭，江流森渺，坐
篷底，不覺熱淚淫淫下矣。停一日，放帆，自富陽、桐廬、蘭溪、嚴、衢諸處，
合上數十大灘，旬日抵常山。舟中雨雪頗多，嚴寒苦耐。陸行歇草坪鋪，曉起，
霜天路滑，朔風刮面。前出玉山縣，附舟下廣信府，泊沿山河口。同舟者酗酒，
致予失足幾危。過貴溪、弋陽，望龍虎諸山，景色絕殊，殊無好懷。八九日合
下數十大灘，轉上水，抵鄧家埠。適群盜焚劫，煙焰未息，船不敢刺岸，泊江
中，候曉登程，從此始託足芒鞋矣。路次多盜多虎，佳山佳水，悉成苦況。除
逼投許灣客舍，孤身逆旅，回念家鄉，日去日遠，未知何年得與二親還家，事
難前期，惟藉彼蒼默佑。

　　壬辰歲朝，拈香望南心禱，泫然泣下。主人設席勸飲，強醉。夜發雷電，
雨雪浹旬。初九日踔泥觸水，由流坊達撫州，踰狀元嶺，至戰坪，出豐城，
臨江界。時值元宵，歇蠹坊李姓家，情深如故人。在途時遇雨雪，踵趾破裂
痛楚，頻頻倒地，身如泥塗，自顧堪憐，往往僵臥道旁。探去路多歧，進水
南歇農家，覓伴，得同行者二人。見予孑身孱怯，徒步艱難，互相設言，前
途戰爭靡息，行旅久絕，路有虎狼之虞，身有疾病之憂，固卻促予速歸。予
無退志，無懼色，強與行。十九夜乘月發足，幾落澗中。早至樟樹鎮，渡大
江，從山谷最僻處問路，曰：「金樓、水白、慈化、青山、黃岡、桐水，俱在
分宜、袁州、醴陵之間。」村居悉依山傍水，茅簷土壁，盡可安歇。但山徑
崎嶇，多圮橋斷岸，臨之股栗。間有煙火荒絕處，則裹糧而行，顛躓頹頹，
計行十三站。至二月初旬，得渡湘江，寓湘潭縣城外。左足血瘀腫赤，痛不
能禁，用瓦針刺血，憔悴支離，眠餐幾廢。同行者深為予惋惜，又設疑畏之
語，沮予前進。唯唯謝之，云：「予出門時，將萬念放下，雖艱危敢不自力。」
淚封家信一函，附同行者寄回。養足五日，由湘鄉渡江而西，上寶慶府。四
望荒山，田多草萊，骷髏徧野，虎跡如碗。偶見群鹿當徑，逐之則陣圍，亦
可駭。凡去路通塞，日每先於宿處得之。陟峻嶺則汗溢沾背，踔深溪則冷刺

入骨。幸足力漸好，善走又善飯。日擎蓋，始覺酸疼，久若相忘。風風雨雨，恰行十五日，至高沙市，距武岡州六十里。

魁首天南，重嶺雲封，綿亙如長城遠帶。內即蠻夷，部落聚居，所謂五陵溪是也。從此得間道，多崇山復澗，足雖壯往，目幾為之淒斷。歇水坌敗屋中，夜雨傾盆，苦不能睡，用蓋支坐待曉。將出洪江關，有北兵守險，遭回不前。既出，人煙斷絕，時而深谷荒箐，時而嶺頭澗底，困踣異常，幾令此身無處安頓。曉上桃子岩，此地苗獠出入害人，山農結伴持矛帶弩而耕。進大龍壁擁寨，得獨木船，渡大溪三道，碕岸臨於怒濤之上，彷惶躑躅，高深是懼。山中叢篁古木，陰森蔽日，悉從無路處覓路。且有異花，紅紫間出；有異鳥，悲鳴不絕。殘葉盈尺，落花相襯如層褥。瞥見荒邱祭掃，淒然有墳墓想。

時尚在沅、靖、粵西之界，乞鄉導，轉入西溪、柳寨，俱係苗地。苗民椎髻懸環，語言軼舌，或有能通漢語者，亦知留客作供具。釀酒如蜜，舂米如雪。其巖壑之幽深、泉石之奇怪，大都皆世人所不經見者。出舊寨即便水驛之南岸也。地方久無統轄，亂山環繞，極目草迷，多漲沙，多流潦，多獸跡。踟躕歷晃州，至鯰魚坡，幾至無屋可歇。忽聞人語於榛莽塊礫間，尋聲覓宿，得新結草房，尚未築垣，用茅刺相圍，抱膝不敢睡。來日岸草蔽身，捍頭目行，不得昂步。聞炮聲，遙望烽煙，知秦關不遠。又前，見伐木重圍樹柵如城，空際懸一大鐘，兵士立於層梯，雄聲詰問。予又前，喋喋多屬言，以奸細目我。傳令啟柵放進，將主作嗔怒狀，左右持戟怒睢，叩我籍貫姓名，來幹何事，要從那裡去。予涕泣跪告，獨身冒險而來，只為父母在雲南，數年音問不通、存亡未知，特來尋訪，實無他意。探予得情，顧左右曰：「前途尚遙，羸怯若此，如何可去？」留宿營房。更盡，差騎押至平溪，見高總戎，又具以情稟，加意矜憐，云：「尋親果真，當給票放之前去。」明日午後渡江，歇清浪。又明日渡江，歇焦溪。兩日，江畔荒寂，舉目驚心，塘兵忽大聲喚我：「莫走，有虎在前山，宜小心！」予恐，往前果見虎跡歷歷。

踰雞鳴關，多層崖絕壁，關隘重重。達鎮遠府，府治不設城郭，四隅高山屏立，岈崿中帶大溪，如據萬丈之城，臨不測之淵。跨大橋一虹，東岸有紫陽書院，樓閣臨於絕巘，有帥府駐兵。觀望許久，潛訪姚邑，音耗未的。此處有屬禁，非其民不得上。密遇楚黃人楊姓者，追隨入黔，進紫崗、油柞諸關，歷相見坡。萬山雄惡撐天，雲日多異色。大溪穿入岩穴，約半日程，

仍由山腹中瀉出，怪怪奇奇，皆思議所不及者。歇偏橋衛學舍，尋上新添、龍里、清平，一路高山排列，嵐瘴晝塞，恍疑鬼窟，深溪架梁，寒瘠可畏。下峻嶺，百步九折，過麻哈葛鏡橋、犵狫寨，對岸削壁陡絕，鑴「神留宇宙」四大字在上。至平越府，山勢巍峨，路紆折如羊腸，兩旁俱苗蠻巢穴。昔年官商每受苗害，選山之最銳者設哨備警。今十里立塘，塘兵時被虎馱去，嶺頭坡足，骸骨枕藉。商旅絕跡，止見飛騎往來衝突，又見割耳劓鼻之人，更有兩手俱去者，猶堪負重行遠，慘甚。即有奇山異水，不敢瀏覽。一宿山寺，一宿塘鋪，炊飯烘火，不得倒睡。

自高沙市入貴陽府，計程一月有餘，縈谷角歷關隘數里，驗票進城。城內屢遭屠戮，居民寥寥。楊君憐我，留歸頗親厚。途中凡遇神宇，必進禮禱祝；時詣帝廟，卜二親消息。或見予發未壯，伺予欲執，適過程姓者言及遠來尋親，錯愕竦聽，顧謂予曰：「我新安人也，寓居廬州。幼年被擄至蜀，今經二十年，不知父母家鄉在何處。」悲咽良久，云：「我往衙門查汝父履歷，便知下落。」晚袖片紙，鈔父告致緣由，在丁亥冬，已解任矣。予深喜倘得相逢，圖歸有日，但未知隱於何處。復囑予：當上一稟啟於主帥，有票方可去尋訪。在寓搦管，為萬里尋親事，草數行成。凌晨雨中袖啟，未達府前，兵衛駢填，象馬塞道，予逡巡於隊伍之中，啟不及上。時四月初一日也。次早呈進，晚刻即發下，批：「據實非奸細，的係尋親，著給票與他去。」初三日領票，又詰問數四，方給票得行。臨行，承他鄉三四友相賀贈別，有熊姓者，攜手送至郊外，灑淚勉予云：「雖無伴侶，有票，當放膽行去。」揖別，遙相跂望，尚在城隅拭淚。

未及數里，兵馬橫戈，支戟擁道，不得前。站坡足，數間驗票，纛前一人傳諭：「好生讓他走。」又數里許，突遇一卒，將傘擊破，疾馳去。驚疑未省，進威清，城中茅屋數間，空諸所有。席地而坐，見一卒執小紅棍夾一帖飛馳云：「軍令來。速站起！」詢前擊傘者，亦軍令也。明晚，達平壩衛。兵馬屯營，兼程歇萬隆鋪。睡草次，四體不能屈伸。達安順府，府公李春鯤驗票留署中，致贈。過安莊衛，歷白水驛，峭壁千尋，奔流瀑布，獨坐縱觀，心目澄竦。歷頂站，岡巒環匝，數息得踰。霪雨兵馬踐踏，擁成泥浪，循平沙躍走，深陷沒膝，身若墜淵，幾不得升。次關嶺，連峰橫絕，即漢將關索駐兵處也。迄今顯赫，有雄將守險，不易登。上嶺將半，氣喘力絀，倒嶺畔。老僧出茶啜之，強起，用蓋作杖，約步登嶺頭，見布帳漫山遍野，群馬縱放，

旌旗蔽空,炮聲如雷。少休下嶺,突騎執至營中,詰問驗票,因勞問途路之苦,著役設飯,緣病不用,又給粥一盂,夜半起營去。

予息草店兩日,束行囊前奏,又見兵馬雲集,旋嶺而下,駕象者、乘騎者,旗幟炫目,山谷震動。將暮,疾走尋宿,又見營紮於嶺下造飯,馳馬紛紜,軍容如前。驗票又走,見群像塞路,休白口坡。自進關來,凡過郡、縣、衛、所,開路廣闊,每十里立塘,以次驗票稽察,無票即係奸細,致行人裹足。

次盤江,波濤洶湧,兩崖拔壑陡峙,鐵索架橋,素稱險阨。過此盤詰最嚴,亦入滇一要害處也。把隘將士姓潘,係泰州人,驗票相留話別。酷日炎身,俄頃雲合雷電,烈風曳蓋,淋雨不得蔽。從舊城馳至苗寨,僅見苗婆一二,張口啾啾,牛豕溷雜。負雨疾走,上層嶺。雨集成潦,洶洶作怒濤飛下,沖波猛前。股膝聯蜷欲僕,雨盛而氣益壯。息海馬莊,乏米不得飽餐,烘衣至夜分不睡。自出門來,嚴霜凍雪、淒風苦雨,淋頭抹足,未有是日之甚。披濕衣蚤行,上安南衛,歷老鴉關,奇峰合沓,飛泉濺衣,列岸連延如棧。登江西坡,過普安州,上雲南坡,層折巉削,雲海茫然,凜凜生寒。至亦資孔,在在被兵,幾不成世界。路絕行蹤,時遇苗子成群,遞送軍糧。

過「滇南勝境」坊,林巒風土,便覽與目相易。歇平夷衛,遇浙東錢公士驄,係舊任雲南陽宗知縣,落職補署廣文。芒鞋謁見,瞠目袖手偓視,告之曰:「某從蘇州來,尋父親黃大姚的。」覷面注看,敘揖握手大慟。隅坐,細詢父親消耗,言之甚詳,云:「當兵戈搶攘,患難相同,而能出險入險者,惟君家父子。」旋問及山陰景色,又不覺悲喜交集。煮二卵壓壺自傾,談至籌燈而罷。是日知父母無恙始確,寓姚之白鹽井也。

曉起精心勇行,中道山水彌漫,褰裳行二十餘里,毫不覺苦。歇沾益之交水城中,遇江右客桑姓者,繾綣如故交,不忍即別。到曲靖府城外,敗垣頹立,僅存「諸葛遺蹤」一坊。掛號時各官在社廟祈晴,門役奉票送驗,愕然,促語命吏引見。予短衣草履,叩謁多禮貌,涕泣不敢仰視。見予病目尪離,咸咄咄驚歎勞問,予悲咽不能答。下寓,有古道臺諱心者,即回署相邀,留至榻前,備言老父受難之苦,不做官之樂,棲心釋典,恬泊無營,有「真仙」「真佛」之稱。隨詢中原風景,密語而默應。聞欲接二親回家,又默然。久之,云:「不做官可歸,無他戀可歸。」繼為予計路費之難,慮關津之險,每作皺眉狀。把盞劇談,至更余贈別。次早,府公劉諱文治者留飯,別去,差騎馳至數里外致贈。古、劉二公,蜀人也,係父同寅,更相守姚,故知公

行藏甚悉，待予意甚厚也。

歷小關嶺，過易隆，溪流侵路。渡楊林海子，龍見，雨作風狂，曳舟幾覆，冒雨登岸，歇楊林驛，計三四程。由阪橋過歸化寺，營房鱗集，嚴加盤詰。又數里，入雲南省，至白塔關，兵衛去帽嚴查，多喝叱聲，驗票放行，歇項伯亮店。少頃，軍民擠門，無不驚訝。店主率予將票呈報帥府訖，自貴陽至此合二十站，行二十六日。有滇中人宦遊於中土者，又有蘇杭阻隔在滇者，凡屬親知，悉來寓，競相叩問不休。

雲南自乙酉年九月遭元謀縣土司吾必奎叛亂，調臨安土司沙定洲援征兵變，沐鎮失守，西竄永昌。沙賊盤踞省中，兵連楚雄。金滄道臺楊公諱畏知者，相拒年餘。丁亥春，川兵繇黔入滇，破曲靖，定洲敗走，棄省城東歸。省城百姓迎降，故城中無血戰之苦。隨進攻臨安，搗諸夷寨，沿途地方有拒敵者，咸被屠戮。定洲遠遁，收其降卒萬餘，復回兵攻楚雄。楊公力戰被擒，說以仁義，勸勿殺掠，故滇西賴公初不受兵。尋執沐鎮歸省，置部下，更用密計擒定洲，並其妻萬氏，俱磔於市，繇是土司懾服，悉聽調用。兵勢益強，復往黔中收諸部落。及己丑年，迤西土司結連邊將，擁一女主起義，謀取諸郡，屠戮略如迤東，雖僻遠如麗江，亦被所擄。惟省城為之改觀，內設重城，大起府第，非復舊日之規模。南城外闢一大操場，多毀民屋，更造營房，惟「金馬」「碧雞」二坊在焉。滇俗用海蚆，今皆毀去，錢法多異鑄。辛卯春，楊公詣安隆，拜爵回黔，尋被戮。滇民感其庇，咸圖像祝之。予時逗遛在寓，凡得所聞見者如此。

念故鄉雖遠，喜親闈漸近，見龍舟競渡，不免鄉思煎人。初三日，出昆明驛，過石壁村，係崑山邑侯楊公諱永言者家在焉，傳一口信訖。歇碧雞關，望滇海及太華諸峰，山光水色，縹緲相涵，此南詔一大觀也。早達安寧州，聞吾蘇張公祖諱堯年者，本州島島人也。進城寄一口信。州內兵馬眾多，見予被髮，相圍詰問。伊親邀至家，往三泊縣趣長君歸，見太夫人，和淚出拜堂前，留樓頭，問公蹤跡，告之曰：「仍寓江浦，已有子矣。」將信將疑，忽悲忽喜。明早，見舊州侯陳公振奇，黃岩人，受禍落職，賦詩自娛。言念天台石樑，墮淚沾襟，云：「我有三子在家，緣何不來？」益為之痛悼。欲留過端午，固辭。致贈，泣送至城西。

由祿豐縣入黑鹽井，行三日，路介崗嶺之間，拜門賢王用賓，驚喜相泣。細叩老父行藏，云：「老師出簾後，干戈競起，迤西道阻，渡滇海避晉寧一

月,歸縣,臘杪慘劫,衣履無存。丙戌復攝篆三姚,會兵楚城,推為武元監軍。時粵中行取報到,不及啟行。未幾,滇事大壞,即掛冠潛避入外拍喇。西兵振旅南旋,強出,以死自誓,即固謝還山。流離播遷,避兵鐵索營。至己丑五月,會營將張儒起兵,謀泄,全家被戮,幾罹大禍,已作出世想矣,不意今日有此奇緣。」大為吾父子慶,厚贈遣騎送過琅井,入尹公署中一宿。

曉歷大坡與後山,更上幾層,遵石渡澗,樹覆濃蔭,遠近莫辨。過定遠縣,踰諸葛嶺,日晡,達姚安府,俱堆垣敗屋,一望淒涼。遇昔年屬吏史起鶡,痛言三姚受兵之慘,深幸老父去官之早。謁府公任熙州侯嚴士龍,老父對房門生也,各送程儀。答拜,設席青蓮寺,具談歷年亂離,欣幸老父能免禍善全,萬里永闊,今又得會合,嘖嘖不已。

差役遠送,宿滿海場,曉上梨武坡,過一滴庵,松杉翼,道路嶔嶔,目凝足揚,舉體輕脫,栩栩如歸故鄉。下坡過柳塘,群峰貼面,屋角籠煙,已到白鹽井也。亟詢父寓,路人矚目,問:「客從何來?」予應曰:「自蘇州來尋父親黃大姚的。」無不驚語遙指。予淚湧忙奔,途遇雨民,恍忽如夢,相揖攜手到父寓。入門悄寂,惟見舊時婢子坐於簷下,定睛更熟視,高聲驚喊:「家鄉相公來了!」母親不信,云:「那有此事!」堅已至堂上,放行囊,號呼父母。老父午睡未覺,驚起,忙問為誰?老母應聲曰:「兒子來了!」父亦不信。堅遽入寢室,父囈語摸眼,不知所為,猛然相視。堅拜倒榻前,相抱號泣幾絕,不得起,起復相持痛哭不止。旋與二親羅拜天地。坐頃,問起居,二親亦相勞苦,叩所從來,見堅茁髮蓬鬢,面黑目腫,鬢間白,短衣草履,狀貌非昔,復相顧痛惜,諮嗟不已。問昔年僮僕,皆已星散。時弟採薪歸,立門外探望,老父呼進,相拜泣。雨民兄問家鄉事,因無書信,為之大慟。諸門人耆老拜賀,簇擁堂階,不得率坐。室中別無長物,蕭然如僧舍。壁間懸一大士像,案頭惟羲易、梵書諸籍而已。

老母具酒設果肴,堅傾罇為父母壽,老父笑謂母曰:「自分家鄉隔絕,骨肉無相見期,冀得通一信足矣,豈望有今日哉?」坐燈下,歷敘兩地兵戈,僥倖不死。旋問里黨姻親諸兒女輩興替存亡,無限欣戚。話至遠任未回、有籍沒等事,頻年受難,賴上枝大兄默為相援,極其感歎。及聞盧墓無恙,丙戌又添一孫,萬分歡喜。呫呫不覺雞鳴,時五月十五夜也。

自蘇至此,計驛道萬有餘里,緣多間阻,紆回曲折,凡行半年半月,得見

二親，殊不覺足之疲憊、路之蹭蹬，不幾天涯咫尺乎？回憶出門時，苕上澄影師來，以遠行商之，示余曰：「有願必成！」今果為左券。父曰：「春初在琅井，見李卓吾《續藏書》載王原尋親事。其父珣，時年六十有四，與吾年適合，有感錄之。歎謂今世不復有此。不意汝乃能之，亦先兆也。」明日，束冠謁各社廟，拜老父諸交識，盤桓浹旬。見二親強飯，私心深喜。

及計還家，資斧乏絕，歸期難卜，回望家鄉迢隔，不禁魂夢搖搖，又未嘗一夕安枕。知與不知，僉云「可來不可去」。無可奈何，只得繕一啟告歸，投府驛遞呈主帥，月餘不下。父以命數相慰，日與諸生講《易》於五業庵。予促雨民作歸計，則啞然不應。日啟老父速行，父曰：「吾數年不得展廬墓，朝夕傷心。幸汝得來，只兩孫在家，伶仃無依，豈不欲急歸？恐前途險阻，兼之路費不給，故徘徊耳。有諸門賢在，當修書與汝，當不惜勞苦去。」於是出姚城，過白塔，拜土司高公。門有「永為外藩」一扁，進內衙，眾僧繞廊，莊嚴如古剎。靜室焚香，敬寫經文。公年少，長齋佞佛，侍從捧茶舉案必跪，儼如王者。素與家君善，云全滇干戈鼎沸，凡不受職者悉被慘禍，得解綬善全者，惟老父母一人耳。年來與無住、白空長老結蓮社於妙峰、龍山諸剎，將修來世因。今幸得聚首，豈偶然事？知予作歸計，蹙然曰：「相隔數年，何急於一旦也。」予俛而不答，辭去。

踰三窠關，歇水井屯。歷鎮南州，歇大石。歷楚雄，南行四十餘里，山徑荒絕，不見滴水，暑甚，幾渴死道旁。達南安州，地本黑㑩蠻所居，有雄將協守。拜門賢鮑一鯤，因病目留久，贈馬二匹而返。經楚城下，地震，山搖撼，聲如雷轟，城堞崩陷，磚石亂飛，幾不免。時六月初八日也。眉渡地方壓死人民千計。嗣後逢庚則震，至冬初始寧。歸白井，養目少瘥，又上鶴慶府去。淋雨出門，踏峻嶺，足溜強行。出三坌營，歇人頭關。過孔仙橋，循一泡江而上，濤聲喧耳，扳崖緣壁，失足便墮。行來千巖萬壑，如此奇險，未嘗到眼。至米甸，借棲山寺，問僧前路遠近。紆複道歷諸峰之巔，時衣雲霧，與峰爭險。歇賓川州之西關驛中。尋繞雞足北麓行，地僻山深，比日僅見樵牧一二，黃葉丹楓，掩映高下，群峰巉屼雲際，彈指蒼黃萬變。又循金沙江南行，山多赬色，淘金處江水瀲灩如紅霞。過白匡廠，又行三四程，達鶴川，風景與他郡較勝，多縉紳家，門賢孫士勃留園亭數日，設榻供具甚盛，日邀親朋暢敘，有嘉肴，無美酒，賦言贈別。

尋上劍川州，從雨中歷陡嶺數重，苦絕，係徼荒僻壤，漢夷雜處，玀玀帶

刀出入，見之可畏。拜州侯嚴佩祖，留一日，贈別。出鄧川州，踰崗截澗，懸崖垂垂如欲墮人頭上，澗深水潺，響震林谷，眩目悸心。過浪穹縣界，有溫泉可浴。達州，州侯趙珣留署中，攜幼子侍坐噱飲，拜贈。出大理路，望點蒼山亭亭十九峰，屏立海岸，峰頭積雪，白雲帶腰，海水綠如柳汁，此又迤西一勝概也。海東因雨漲路，蹈海岸數里，浪湧過膝，歇烏村玀玀家。又兩日，更道出米甸，聞有悍兵剽掠，夜深隨土人避入箐中。霜下沾衣，待曉方敢出探舊路。行三日，得歸白井。時九月終也。

　　拜老父老母於堂上，出諸世兄贈言儀物，備述殷勤之好。老父謂兒曰：「汝來藉諸親友所賜，此番若非吳按臺聘入棘闈，何能得此？」堅啟父曰：「差可行矣。然資猶不給，奈何？」戒予弗憂，「計前途尚有諸門賢在，我當纍之。」復與老母計商旬日，勉爾治裝。轉思息肩未久，征途又戒，一進青蛉，三出姚城，繼下威、楚，旋上鶴川，諸郡往返，又歷三千餘里，皆緣資斧故，以致勞攘莫惜。

　　堅幸得見二親後，每遇山川雲物，喜多於懼矣。然鄉心雖迫，念二親垂老，將晨征暮宿，跋涉險阻，種種艱難，堅又懼多於喜矣。若得到家，斯豈人力之可能哉！惟祈天地鬼神默佑而已。

## 黃孝子尋親紀程（滇還日記）

　　壬辰小春，謁帝廟，辭諸友朋。佐酒贈言，以不欲遽別，扳留者久。仲冬四日，自白井早發，扶老父、老母乘二籃輿，苦無僮僕，予與仙弟追隨左右，只行李一肩，視險若夷。承諸門賢、耆老，從霜露中燃松明，攜樽遠送，泣拜道左，眷戀依依。家君慰之曰：「衰朽數年浪跡，所藉以不寂寞者，賴有諸君子在耳。今日此別，能不悵然？雖前途險阻，自分囊空如洗，生歸可期，萬勿為我顧慮。」雨民兄偕門人王爾玉輩辭去。獨王姓一父子，行行不忍分手，袖中出檳榔一串，泣拜輿前，復聚骹祝曰：「惟願此去，一路平安，早歸故里！」和淚睇望，勒馬遲遲，過柳塘別去。登梨武坡，小憩一滴庵。老父回望寄廬，如去故園，為之悵係彌久。早歇毛家灣樓頭，旅況不堪，喜老父、老母恬若安常，進濁醪一巵。酣睡，幾忘為行路人矣。

　　初五日。辭土司高公松筠，留宿，以知己長別，惓惓不捨。臨行，贈氈衣途中禦寒。入姚安，慨任公已遷都勻矣。盤桓半月餘，勉需路費。長至日，寓中遙奠祖先，適高公差騎送餌塊、糍餅、蜂蜜、雞葼。兼求《佛陀山記》，候

雨民同行。雨民止附一家，報別去。

廿五日。倩夫出城，拜卓吾先生祠，飯於諸葛嶺，歇王朝裏。

廿六日。歇楊關屯，隆冬見桃柳爭妍，亦見氣候之不齊也。

廿七日。至琅井，尹公送程儀數種，拜別。

廿八日。至黑鹽井，門賢王用賓日設酒相邀，曲意固留，云：「今日骨肉得以聚首，他鄉即是故鄉。前去萬一有阻，奈何？」泣數行下，見予父子決意欲行，一夕，勉設席餞別。演劇奏樂，聲容和暢。老父把酒，欣然自慰：「此行決無阻滯。」用賓為之俛首，遺贈特隆，歸途資斧，半藉於此。

十二月十一日。啟行，用賓祖道，鄭重泣別。歇乾海子，又設饌野店中，遣吏相候。萬里之外，友生之誼，可謂至矣。

十二日。歇稗子溝屯中。

十三日。出祿豐縣，道經王昆華太老師宅。老父念昔日同在圍城中，今已被難，不勝惆悵。

十四日。過練象關。

十五日。過獅子口，父曰：「此楊道臺血戰處。去官之力，全賴於公。我得生還，而公被戮，深為感歎。」次安寧，黃岩陳公留飯，並遺雞足山詩。老父次韻和別。

十六日。過碧雞關，行二十里，達滇陽驛。父見風景非昔，無限唏噓。驗票放號訖，歇舊寓，探黔、楚消息，聞某處戰敗，某處戰勝，咸愕然，相戒曰：「前途烽火相連，行旅久絕，萬難前去。即去得，諒當事者決不肯放。況有家口，關隘盤詰，恐插翅難飛。」坐旅中，悄悅累日。老父自信囊篋蕭然，告致已久，畫計再三，進城五六次，詣將軍府領票赴貴陽。謁主帥面辭時，尚有故友羈縻在省，見父得整歸鞭，望如仙吏，賦詩惜別。尋辭舊撫吳公諱兆元，言歸慘然。省之東有縣呈貢，係太倉學博文公祖堯之故里。乃郎昆仲探予至，來寓詢公起居，告以在蘇屢會，今尚健，且彼此父子年齒相齊。昆仲聞之，悲喜異常。呈邑侯夏公諱祖訓者，嘉興人，樹兵拒敵，城破不屈，死之，甚慘。全城皆屠，止存文公一家，亦異事也。

除夜，侍二親膝前，回想出門來已二改歲矣。

癸巳歲朝，啟門卜兆，見二女子騎馬來，女子「好」字也，馬得坤卦，為「利有攸往」之象，可決歸途無阻。

艱於倩夫，新正十一日始發足，主人餞行，兵馬填塞於道。過歸化寺，驗

票放行。此出滇中第一關也。歇阪橋驛，有舊時婢子不能徒步，留主家，老母殊多悒悒。

十二日。歇楊林驛。

十三日。沖風冒寒，中道遇一將士，止予緩行，云：「黔中初冬至今不見日色，下雪四十餘日，雪深至馬腹，樹頭皆劍戟。」聞之齒戰。至易隆歇。

十四日。上小關嶺，奇峰環繞，蒼翠映日。老父、老母登殿叩禮，更以出關無阻，稍覺寬懷。歇黃土坡。

十五日。過馬龍州，歇響水關。山荒路僻，惟見山民遞送火藥軍器，民亦勞苦。

十六日。行二十里。老父入曲靖府，與古公索昔年南郵詩稿。堅同老母過三坌河，歇交水。父歸寓云：「古公已陞任下黔中，遺稿為恨。」又悼劉公下寶慶，已仙遊矣。

十七日。歇白水驛。

十八日。寒威偪人，凍雲障天，歇平夷衛。夜大雪。

二十日。始冒雪過「滇南勝境」坊，此係滇、黔接壤。天寒怯行，早歇，烘火。主家出酒禦寒，且慶脫卻滇中一省。

廿一日。陰霾塞日，山風蜇衣，過玀玀海子，歇海子鋪。前過此，幾至狂瀾飄沒。今無勺水。

廿二日。歷馬鞍山，宿雨路滑，著足艱難。下雲南城，歇普安州。州侯范公致贈。

廿三日。下軟橋坡，層級千折，不減蜀棧。過軟橋，尋上大嶺，雙膝俱軟軟，不獨橋也。

廿四日。出阪橋城，上新興坡，連日踔泥，泥深盈尺，傷足不得前，早歇芭蕉關。

廿五日。下江西坡，有大江橫亙，坡在江之西，故云。自雲南坡以來，俱若從空而下，想上去時，山高路長，迄今歷之，更覺兩足之疲甚矣。歇烏雲鋪，夜雨潺潺，待曉不止。乘雨過安南衛，亂雲封路，高下莫能辨。晚歇海馬莊舊寓，污穢不堪，老母極其嗟歎。

廿七日。歷倒馬坎，過舊城，下盤江，嚴查放行，此又下黔中第一關也。旋歷大坡，歇嶺頭。自盤江以上，終日雨雪集身，瘴霧迷目，如在甑中，所云「天無三日晴，地無三里平」，真鬼國也。較之雲南風土，迥乎不同矣。

廿九日。早歇關嶺口，下薦福，一路皆崇巒迭巘，聯蜷帶天，阻日連雲，不見斷續處，至此分形突峙，負勢爭奇，歷歷可數，殆不可名狀。

三十日。早，上關嶺，進殿瞻禮。至嶺巔，指來時喘倒處，老父曰：「今亦宜少息。」盤嶺下，至江畔，喘息得行。翹望群峰轟天，相詫良久。老父謂堅云：「憶當年隨忠介周老師入閩，度仙霞嶺，其崔嵬髣髴若是，將及四十年矣，宛在目前。仙霞路坦，多古松，稍可盤桓，此嶺陡峻層折，不能留足，洵可謂關山之險也！」又歷大坡三四重，所云「雞公背、蛇倒退」。足憊，少息得行。次安莊衛，州侯楊公拜贈。

二月一日。到普定衛，計歷三千餘里。行旅斷絕，正憂疑間，又聞主帥已入楚，貴陽一路，兵阻難行。拜李郡守，換票，改往思南。從僻谷往謁主帥。

初五日。驗票出城，過平壩衛，宿萬隆鋪。途遇少婦、幼女絡繹而上，有云廣西來者，有云沅州來者，或策蹇，或拄杖，念彼室家離散，堅扶二親長途歷險，愈增憂懼。

初六日。歇羅底哨。

初七日。早行，遇蜀中回兵擁一象，縱橫突來，顧我二親讓畔，疾馳無阻。將晚，覓微徑，撇威清來時大路，由城北歷癩石坡，歇黃官哨。危峰塞戶，深林岑寂，寱寐神搖。

初八日。路極荒奧，山勢夭矯如樓閣，參雲逼天，晝行多冥色。過龍場驛，城郭邱墟，殊覺慘淡。老父有《弔陽明先生》章，歇羅鬼甸。

初九日。歇落邦。

初十日。歇息烽所，係施州界。日來草深合路，放火徧燒，聲如霹靂，火焰偪身。

十一日。至養龍司，有龍潭八九，深不可測。

十二日。渡烏江，入四川、遵義界，即古牂牁夜郎境也。辭老子關，緣江南行，石坎碕仄，路多茅塞。歇個界水，與悍兵混宿，談虎不休，令人戰慄。

十三日。行路多轂觫，早歇龍坪場，停足一日。

十五日。歇三度關，乃楊應龍據險處。

十六日。至湄潭縣，寓城外酒家。馬邑侯留飲致贈。

十九日。山險溪惡，土人戒予當在永定場蚤歇，不可貪路。

二十日。路多荒茅白骨，進龍泉縣，城郭傾圮，寂無煙火，夜聞鬼哭聲。

廿一日。荒林晦塞，深莽牽刺，強通於不可通，步步膽寒。老父、老母，彷徨終日。至壽水，幾無宿處。

廿二日。歇煎茶溪，入酉陽不遠。

廿三日。路更荒寂，進東郭溪覓宿。

廿四日。歷鸚鵡溪，峰攢巉巖，洞壑奔流，奇外之奇，令人魄奪神駭，歇碗水壩。自威清至此，不惟山荒徑僻，磴道嶙峋，時見虎跡，心惴惴，常恐不保。至於溪澗錯縱，時慮飄溺，食宿艱難，幾至不火。

廿五日。早達思南府，府治形勝多奇，危峰環拱如斗絕，碧水清漣，江魚肥美。本房門賢段渾然為郡守，欲久留圖報，老父固卻之，曰：「出險莫如寡累，資斧之外，豈敢妄冀？」留數日，不忍遠送，署中泣別。中途盤費，藉此得以不乏。於孫道臺處更票。

三月七日。黎明候渡，煙江絕嶂，非復尋常景色。上武勝關，峭壁嶔崎，宛如鳥道，宿邵家鋪。

八日。逕荒岸絕，渡江歇阪橋。此地人跡罕到，鄉民多戒言。

初九日。見村墟籬落，桃李芳菲，零落無人，莫測所向。遇樵者指迷，登嶺，山雨忽來，嵐霧騰空而卷，與之前後相追逐。歇平地，淒然一望，此在銅仁、石阡之界。

初十日。進楊柳灣，早歇。

十一日。到凱樓寨，新民闢土結茆，差堪棲宿。

十二日。下凱樓坡，涉水五十餘道，沒膝掩腹。老父、老母坐輿中，時時回顧，憐惜不置。土人有「四十八道腳不乾，五十二道才上山」之語。歇馬口司，住處促逼，僅堪蔽身。夜有虎突至，牛為驚喘。

十三日。淋雨江漲，得獨木船，截流飛渡，歇雲盤寨，插竹為樹，以避虎狼。夜雨岸沒，不得行。

十五日。冒雨以杖候水，走三四里，叢棘刺股，血流不止。登岸，聞前慕寨江水險，艱於渡，覓舟，放至二十里外得渡。山溪層折，夷路荒蕪，日暮勞勞作宿計。入思州府，府治蕭條，不聞雞犬聲。

次日，劉府公邀老父於後衙道故，即曲靖劉公之父也。

十七日。曉雨，涉水數道，歷峻嶺三四重，亂雲遮護，見虎跡人頭徧山，人多懼色。從北路復出清浪，歇城內。

明晨渡江，又撇平溪舊路，繇東南進邛水司。峻嶺盤曲，川谷縈回，內新

開複道，上通鎮遠，下達沅、靖諸路，多肥田，頗有樂利之風。會兵伍混雜，借棲野廟。

十九日。進瓦寨，風景怪異，溪瀨湍激，架木渡人，甚危。過鬼迷撥，晝行覺晦。至等溪，無處投宿，一叟遙指山隈，遵險疾趨結茅坡，截如鳥巢，檻外僅可容足，扳木猱行，苗民驚懼塞戶，幾不肯留。來日阻雨，兀坐悶絕。

廿一日。過隔溪賴峒，辭天柱縣路。歇矼峒，環山帶水，田饒土沃，素無兵火，可稱樂土。今為養兵地，民苦不能逃。

廿二日。轉入地鎖，至甕峒，高岑架天，修阪排江，山容水意，真別有天地。問渡，老父指顧欣賞，幾忘此身在逆旅間。

廿三日。江岸石鉎齧足，若涉春冰。過沙堆寨、金子寨，渡大江，歇東城。

廿四日。歷金坑、早溪諸嶺，宿雨不收，一步一倒，歇崖頭龍家。此在黔陽、會同之界，時聞滇兵新敗於武崗，兵士橫行，山民逃竄。曉雨，輿人聞警怯行，悉告去。是日進退無措，扶老父、老母，勉隨鄉民蹦峻嶺，入深谷，寨民復送至像木庵。庵立絕頂，旋螺而上，雲山四繞，真可忘世。計資斧垂盡，歸途尚遙，深以為憂。

至初四日，放膽下山探路，問土人，云有間道可去。

初五日。出舊主家，倩夫為鄉導，繇僻境疾走，時聞前路兵阻。予病暑，慌慌涉水，過九洞口，岩石嵸巃，舉足不前，負仙弟背行，則喘倒。老父歇久，遣輿人候至白石坡。

初六日。繇苗徑喚渡，每從幽暗處轉出空明，歇麻塘寨。

初七日。蹦嶺涉溪，有古木磐石，稍堪頓坐。宿道口，遇同鄉友行鹽，得前路消息，喜甚。

初八日。林深蓊鬱，見難民踉蹌猝至，驚疑不前。尋宿，苦不留，立雨彷惶，樹間忽出一人，引至草舍，相敘如故舊，云：「亂兵時恐偪入，明早當繞路速走。」

初九日。出鳴溪，主人鄧林楚導前，山徑嶮巇，上下艱於攀躋。宿羅藍寨，聞警，鄉民俱不敢穩睡。夜半潛行，將曉，遇虎突於老母輿前，輿人幾倒，驚喝跳去。山民遠遁，歇處無主。

十一日。將及高沙市。避兵，歇牛欄山寨，棲敗屋中，晦塞如荒墓。民多不良，覘行色蕭然，得免於難。

十二日。得蕭老桂倩山農送至藍田水次，聞北兵上武崗州，西兵退守楓木

嶺。繇間道行，過洞口，遇盜簡搜，幸裝薄無害。渡江，有逃兵尾後，至岩山卻走。歇水口，主人楊擎天係青衿於悾傯時，執禮甚恭，老父以氈衣贈之。

十四日。亂兵橫殺鄉民，攜老負幼，東奔西竄，如蟻移穴，且雨濘，輿人慾逃去。暫宿王雙寨，竟夜不睡。

十五日。又雨，上坡下坡，涉溪逐浪。過沙羅田，至水西，雨甚，鄉民相戒。飯頃，又見難民啼哭奔走。深夜火光燭天，隨合寨男婦冒雨逃出。立坡足候曉，驚走，仙弟失去斗米。復至沙羅寨山寺，與諸難民亂宿。

十七早，倩老僧導前，進蕭家洞，步步踏雲，峰峰帶雨，衣袖淋漓。至黃柏山，入僧舍，惡僧叱吒不留。復下江畔，勉強借宿，柴米難覓，窮途之苦，是日為甚。

十八日。得脫諸險，歇塘沖。為父改妝潛行，出寶慶之邵陽、新化界。

十九日。繇苗田觀歇半山鎮。

二十日。又倩鄉導過楊溪，歷九龍寨，遇兵無犯。自金坑以前，日日談虎；金坑以後，日日談兵。諺云「寧逢惡虎，莫逢善兵」，不知誰惡誰善。

廿一日。歇貓兒鋪。

廿二日。到蘭田鎮。停兩日，歇倒扒子船，將草鞋拋卻，始奉父母登舟。兩足雖安，又不免風波之懼。

廿五日。下灘，泊佛泉寺河下，候伴。

廿七日。泊婁底。

廿八日。泊檀市鎮。

廿九日。泊湘鄉之西。兩岸青山，一江碧水，頗多樂意。

三十日。出湘江上水，仍欲從江右歸。泊下，執司江中夜有警。

五月一日。進鹿口，南望衡嶽，雲氣接天。

初二日。泊神福江。

初三日。過醴陵縣，上大灘五、六道，泊雙江口。雖虛舟無懼，不得酣睡。

明早聞土寇前阻，榜人不敢行，泊於沙洲漁嶼之間。午後復下醴陵，繇大江東歸。拜邑侯楊公諱元勳，係己丑科，句容人也。送程儀，種種厚贈。復折東，相邀至衙齋飲蒲酒拜別。不意萍水多情若此，老父賦詩誌感。

初六日。順流下湘潭縣。

初七日。抵岸，因屢經兵燹，無從覓寓，留船上，殊覺苦炎蒸。

初九日。搭營船火艙，坐臥窄隘，與仙弟終日炙火守舵，又思行路之快活

多矣。同舟有衡嶽僧十八眾，號慈航者，老父與談，頗多禪意。

初十日。泊招山沙洲。

十一日。泊長沙府城下。

十二日。過湘陰縣，風利，乘月又行三十里，泊塘鋪。

十三日。開帆，飛過洞庭。中流忽然舵裂，前帆索絕，巨浪掀翻，將覆者數次，無不惶遽。眾僧合掌念咒，風愈高，浪愈大，船隨浪滾。至岳州城下，賴神天默佑，幸而得生。堅急慰老父、老母，相向大哭。整舵復行一百二十里，泊新堤，惜岳陽樓之勝，從驚魂未定之時在帆頂過去，無緣登眺。

次日大雨，不行。

十五日。過嘉魚縣，望武侯借風臺，屹立江干。泊河套。

十六日。晚，泊武昌府。江流浩浩，帆飛如駛，黃鶴樓在望，因日暮又不及登。

十七日。早放至漢陽江口，搭貨船。

十八日。行數里許，風雨大作，待曉不息，浪湧船移，復進漢江口。

二十日。橫風過黃州府回風磯，泊武昌縣南岸。老父指赤壁，所謂「東望武昌，鬱乎蒼蒼」，即此間也。

廿一日。風逆，早泊巴河口。

廿二日。浪大，至蘭溪，停舟候風細。過道士洑，石壁立水涯，湍激多回漩，無風作湧，真險處也。泊王市江口，溽暑船貨蒸熱，二親晝夜不得寧息，堅眉目未嘗一刻少舒。

廿三日。過蘄州馬河口，山高水險。過田家鎮，泊吳王廟江口。

廿四日。風阻，泊伍家穴。

廿五日。至九江府，廬山雄峙，波濤洶惡，船不能久泊。上岸見榷部，係同鄉，一笑不顧。客船過關，順帆吹去，急喚艤舟，破浪追二十里，幾覆。泊峽內。

廿六日。煙雨滿江，過鄱陽湖口縣，泊鱘魚嘴。是日始達江南界。

廿七日。過彭澤縣，小孤山亭立江心，如翠螺。過馬當，其山水亦甚險。孤舟泊東流縣對岸。

廿八日。過望江縣安慶府，忽起颶風，泊清溪峽中，巨浪滔天，坐困四日。買得鱘魚二尾，二親以數年不知此味，為之解頤。

六月初四日。過池州，泊大同鎮。

初五日。風逆，從峽內行，泊荻港。

初六日。放舟里許，風不利，泊山足。

初七日。過阪子磯舊縣。縣峽內得抵蕪湖，泊舟三日登岸，隨老父步吉祥寺。

十一日。放關，過梁山及采石磯，老父遙望鍾山，不勝故國依依之感。風利帆輕，不覺已過燕子磯矣。憶己丑春為父未歸，被冤解藩司，阻風，與同難者登磯上，遙想滇南，無限淒惻。今得同二親過此，實為欣幸。泊儀真之舊江口，風雨，又停兩日。

十五日。過金山，進京口，買小艇，次城西。坐月不寐，回想雲山萬疊，江流洶洶，令人且悲而且喜矣。

十六日。泊毗陵。

十七日。揚帆過惠山，見故鄉景色，歷歷在望。泊滸墅關。

十八日。趁月早發，將曉，到楓江，上午抵家。

約計去來，行二萬五千餘里，轉眼幾及二載。山之稠疊，水之險惡，足跡所到，目力所經，姑記其大略，不敢歌《行路難》也。然皆因老父早得解綬，泊然無累，故得如鳥之出籠、魚之脫網，雖歷盡艱辛，夫復何悔！今日得到故鄉，拜見廬墓，復得與知交親黨重逢把晤，實僥有天幸。但家徒壁立，瓶無儲粟，二親無以娛老，為人子者，不能無愧云！

## 黃孝子尋親紀程（附傳）　崑山歸莊元恭父撰。

黃孝子，名向堅，字端木，建文時殉難給事中諱鉞之裔也。先世常熟人，後徙家蘇州之西郊。孝子之父以崇禎癸未選得雲南大姚知縣，挈其室及弟之孤赴任，孝子留家。已而兩京陷沒，閩浙不守，西南復立國。江楚兩粵，連年戰爭，行旅斷絕。雲南遠在荒徼，書問不通，孝子思戀，晨昏日夜西南望慟哭，目盡腫。一旦忽自奮，願獨行萬里訪親。親朋謂途中險阻兵戈，即去安得達？止之，不肯。拜祖墓，別妻子而行，誓不得父母不歸。在途半年，達大姚，得見父母，皆無恙。留五月餘，復奉父母發大姚，八閱月抵家。孝子一身跋涉山川，歷戎馬縱橫之地，往還曲折二萬餘里，竟得如其志。余奇之，因掇其《紀行》一編，節而傳之。

孝子以辛卯年十二月朔，擔一囊一蓋一草履啟行，從吳江入嘉興，至杭州，渡錢塘江；歷嚴州、衢州，入廣信之玉山；歷撫州、臨江，渡章江，歷

袁州，入長沙之醴陵；渡湘江，歷寶慶，至武岡州。時壬辰二月下旬也。八九十日之中，陸行者十九，江行者十一，觸冰雪風雨，陷泥淖，涉深溪，踰峻嶺，手常擎蓋，酸楚不能舉；足重繭，痛不可忍，或血瘀赤腫，則刺血出之復行。體憊甚，往往僵臥道旁。人見孝子，問知其故，無不歎息！顧以為困憊如此，而前途尚遙，又兵馬塞路，荒山多虎，不可往。孝子知有父母，不顧其身，乃曰：「出門時早知如此，雖艱危，敢不自力！」乃養足五日，復前行。由武岡而西，歷靖州，循沅江而上，入貴州之晃州。

貴州自丁亥以後，北兵自楚攻其東，西兵自蜀攻其北。王、皮兩將軍，左右支大敵，固守累年不下。至己丑，為西兵所敗，故境內遭殘滅，殆無孑遺。自靖州洪江驛以西，至晃州驛站、鯰魚坡諸處，不惟重岩絕澗，深谷荒箐，上下艱難。而城郭邱墟，人煙斷絕，暴骨如莽。又其地苗獠雜處，畊者皆持矛負弩矢自衛，荒茅漲沙之中，往往得虎跡，行過戰慄，不能自保。次平溪，有關，則帥府在焉，兵衛甚嚴。以孝子短髮吳音，疑為奸細，執以見主帥，孝子涕泣以情告得免。以後凡遇官吏，無不盤詰。然從此所歷山川風景，所見官吏人民，別一氣象。江南風俗變革六七載，忽睹此，如異國焉。自平溪西南，歷鎮遠、偏橋，一路高山排列，深溪架梁，幽險如鬼窟。將至平越，山勢益峻，兩旁皆夷落。土人云：「往時苗常出為行旅害，今十里立一塘，而塘兵又多為虎所食。」孝子聞其言，心惴惴，常恐不免。

自平越而西，歷清平、新添、龍里，又西南至貴陽，遇徽州人程姓者，知其父履歷，告之，孝子於是知父無恙，已掛冠五年矣。貴陽新建王府，殿宇崔嵬，護衛甚肅，象馬塞道，文武鵠立。程姓者導孝子至前奏事，明日得令票遣去，孝子乃得復前。途中兵馬紛擁，爭前驗票，或擊破其手中蓋，自是不復能蔽雨。歷威清、平壩、普定、安莊，及關索嶺，嶺陡絕，登至半嶺，喘甚，力盡而僕。有老僧飲以茶，久之強起，踰嶺而西。既下嶺，則布帳漫山徧野，人馬縱橫，旌旗蔽空，炮聲如雷，震動山谷。孝子行逡巡，一騎突前，執之入營，詰問驗票，慰勞為設食。問之，曰：「安西前營也。」前行數里，復遇後營，軍容如前營。孝子雖一時震炫耳目，然在途已習見，又知去二親不遠，喜多於懼矣。自嶺而西，渡盤江，歷安南衛、普安州。去普安數日程，為安隆。安隆，故所也，今改為府。非道所經，遂入雲南之平夷衛，遇故陽宗知縣浙東錢士驌，孝子於是知其父起居益詳，今在白鹽井也。

西歷沾益、曲靖，渡楊林海子，至雲南府。雲南自乙酉秋遭沙土司之亂，

沐藩失守遠竄。丁亥,西兵入平土司諸寨,迤東一路,殘滅殆盡,惟省城百姓迎降,無血戰之苦。今為之改觀,一如都會焉。時江南人之流寓滇中,及滇人之官於江浙而不得歸者,聞之皆來集,如桃源中人遇漁父,競相叩問,聒耳不休。自云南又西,並滇池,出碧雞關,歷安寧,過楚雄而抵姚安。姚安府官為遣役送至白鹽井,時五月望日也。計在途一百九十五日,自蘇州至此,蓋萬里矣。

孝子至門,一婢望見,更熟視,急走入白主人曰:「蘇州相公來!」主人不信,方詰問,而孝子上堂矣。孝子拜父母,先賀無恙,後謝候起居晚。父母驚喜,亦拜,相勞苦,起而相抱號泣。蓋孝子與父母隔絕十年矣!所攜弟之子,時從外負薪歸,驚疑立門外探望,其父呼進,各認面目,乃兄弟相拜泣。問昔日僮僕,無復存矣。所居山舍,自書簏之外無長物。其父語孝子曰:「予自丙戌冬蒙按臺吳公薦,得行取,至丁亥春報至,會滇西亂,道阻不行,誓不復仕。數年以來,家鄉隔絕,無復歸夢。今春在琅井,於友人案上得李卓吾《續藏書》,載王原尋親事,歎息謂今世當不復有此人。不意汝乃能之。原之父時年六十有四,與吾年適合,亦先兆也。」久之,孝子啟父母作還家計,父曰:「吾年老,頗思故鄉,然途中艱阻奈何?」孝子曰:「既可來,何不可往?所苦者,行無資。」父曰:「苟能往,資尚不難。乙酉秋,滇中猶鄉試。我分房較士,得門生八人,當以纍之。」

孝子遂以六月初旬持父書詣諸門生家。南歷楚雄,遇地震,城頭雉堞皆崩,孝子幾不免。至南安,以病目留者旬日。又西北行,歷賓川,過雞足山,循金沙江,上鶴慶,尋上劍川。其地漢夷雜處,人皆衣羊皮氈衫,帶刀出入,見之心怖。還歷鄧川、大理,望點蒼山,循西洱海而東,海水綠如柳汁。方大雨,水漲,踏海岸數里,浪湧過膝。前及米甸,聞有悍兵劫掠。夜半走荒谷,鸚鵡、猿狖,聲出樹間。復尋山得路,歸白鹽井,時九月杪也。又奔走四月,往返三千餘里矣。父之門生,遇者三人,皆有賻贈,而行資未足。其父曰:「歸途尚有門生在黑鹽井。」孝子曰:「如此可行矣。」乃詣府遞告歸文書,欲執符信以行,卒不可得。諸故人謂孝子:「父子亂世流寓亦常耳,何必故鄉?」固止毋行,復留連久之。

孝子具籃輿與二親乘,己與弟步從。以十一月四日發白鹽井,次姚安,過冬至而行。及黑鹽井,果如所望,斧資得不乏,遂出祿豐。至雲南時得黔、楚消息,知南北方相持,戰爭不息。父子坐旅中,惝悅累日,因留過歲,詣

將軍府，得給票。癸巳正月十一日，發雲南，出歸化第一關。途遇來者云：
「黔中雨雪四十餘日，雪深至馬腹。著樹皆冰，如劍戟。」心以為憂，而行
不為之阻。尋入貴州界，則凍雲飛雪，陰霾厲風，祁寒逼人。已而積雪漸消，
流潦縱橫，瘴霧蔽天，如在甑中。前及平壩，有騎兵並輜重及所擄婦女數百
千計，跨驢者、策杖者，相扶攜者，絡繹而至。問之，曰：「從廣西來。」又
前，遇敗兵數千，擁一象，踉蹌散走，無復部伍，則云從四川來。蓋是時安
西戰勝於桂林，撫南敗於保寧，勝兵所擄獲者，敗兵之奔還者，皆道黔中，
故孝子與先後遇於途云。

自發白鹽井至平壩，皆孝子來時故道，顧以為今歸有家口，非來時獨身
比。慮貴陽有阻，乃迂道從龍場驛而北，歷養龍，渡烏江，入四川之遵義界，
由思南達思州。所歷三度關、鸚鵡溪、武勝關、雲盤寨諸處，皆險仄荒深、
寂無煙火，惟見黃茅白骨，夜則聞鬼哭聲，虎豹嗥啼，或突其前，往往魄奪
神駭。自思州南及清浪，始復從故道入湖廣界，則所在潰兵暴掠，蓋是時滇
兵新敗於武岡也。乃多從間道行，及新化，方得脫險。孝子為父改妝易服。
前及藍田鎮，始捨陸從水。孝子乃得脫草鞋，奉父母登舟，渡湘江。將出醴
陵故道，聞前路有警，又改從北渡洞庭。中流風甚，水波惡，柁壞，前帆索
絕，舟欲覆者屢矣。頃之，船竟隨浪湧至岳州城下。尋至武昌，沿大江過黃
州，入九江。自湖口入直隸之東流，歷安慶、池州、蕪湖、採石至南京。望
鍾山，沿揚子江下鎮江，歷常州而歸蘇州，六月十八日也。

自孝子始出門，至是越三年，計五百三十餘日，凡歷省七，府三十有三，
[1]州縣、衛司、關驛、鎮寨不可勝紀，計行二萬五千里有奇。若夫山川之高
深靈異，古蹟之名勝，木石鳥獸之奇怪，天時、地氣、人民、風俗之變，不
可殫述。且孝子所過皆疾行，又艱苦萬狀，亦不遑詳也。

歸子曰：孝子之父孔昭，字含美，與先兄同舉於鄉。余以孝子故，始識
之。含美言：「歸途日行數十里，或百里，二老人坐輿中，猶苦勞倦，而向堅
始終徒步。每止舍，買食物，執爨，具湯沐，施袵席，晨起復具食整裝，皆
向堅一身為之，無一刻寧息，初不以為勞。」夫涉萬里途者，或以征伐，或
以仕宦，奉天子之威命，有官爵之尊、人徒之眾，猶憚不敢前，或往而不返。
孝子以子特之身，往返絕域，如履康莊，此豈人力之可能歟？彼其精誠上通
於天，故所至得天助焉。昔年海虞瞿生元鍇，省其父留守公於桂林，且達矣，
而桂林陷，公死之，生死於亂兵，父子卒不得相見，豈人倫之際，固有幸不

幸歟！孝子質樸無威儀，言不能出口，歸方訓蒙以給菽水。嗟夫！忠孝之事，固非飾邊幅、務名聲者之所能為哉！

> 篇中敘地名，書法有例。所過府必書，要地則州衛長官司亦書。大川必書，志所經也。山嶺不悉書，不能詳也。所至之地皆曰歷，經其界曰過，更一省曰入。入必書縣或衛或驛，詳道路也。從間道而至曰達，省會曰至，惟武岡州亦曰至，而安隆則附見焉。姚安曰抵，稅駕之所也。

編者案：〔1〕此句《歸莊集》作「凡歷省七，府三十有二」（中華書局 1962 年版，第 414 頁）。

## 黃孝子滇南尋親圖冊（紙本高八寸五分，闊一尺一寸；引首王奉常隸書）

咫尺萬里　　婁東王時敏

上梨武坡，松杉翼道，多怪石如螺，下臨灕灕海子，波光瀲灩，賈帆漁罟搖漾其中。而巉岩千仞，勢如欲墮，俛仰之間，凜然悚栗。向堅並志。

次盤江，波濤洶湧，兩崖陡峙，拔壑數十仞，舟楫不能施。昔賢貫鐵索為梁，以通往來，城隅有銅柱卓立，乃伏波征蠻，駐兵於此。古稱入滇之要害處也。向堅並志。

金馬碧雞，滇中名勝也。宦遊題賞者何代無之？其嵯峨突兀，雄峙昆明池側。飛青舞翠，矯矯如競麗爭妍。予歷其嶺，遙望太華諸峰，山光水色，縹緲相涵，恍然閬苑蓬瀛。向堅並識。

狀元嶺，值大雨不止，從濃雲中騰空而下。抵寧願寺借宿，淋頭沬足，解衣烘火，夜不能寐。比曉則群峰湧翠，一水拖藍，皆不知此身之所自矣。向堅。

次湄潭縣，山嵯溪窄，林木叢雜，溯流而上，紆旋幾十里，間是荒陬僻壤，風景之殊，不可勝道。向堅。

劍川道上，樵夫罕覯，時聞猿狖聲，而峭壁千尋，陡削層折，下臨深淵，波濤澎湃於危石間。苗人置索山嶺，貫以行筒，抱持往來，蓋於人跡不到處獵取珍禽異獸也。予望之如戲而不禁可駭。向堅。

響水關，地近古盤州，北距夜郎，蒙茸荊棘，中間一線，苗人獷猂猙獰，倚險立砦。行旅之往來，每每患之。而群峰卓立峭拔，不能棲猿鳥，尤為可駭。向堅。

黔中關索嶺，當年武侯南征，漢壽亭子駐兵處也。所謂羊腸一線、鬼國千

峰，險不易登。踰此嶺者，故難於上青天耳。余幾回顛躓，至今股栗。向堅並
識。

清浪衛城，恃險一江，時江水橫發，舟楫難施。土人兩崖置杙，繫以篾
絚，貫桅末。榜人憑此搖曳以渡。至中流不啻乘槎天漢。向堅並識。

歸途歷威清僻路，下癩石坡，抵黃官峭。山徑崎嶇，疊嶂嵯峨，晝行多
晦色。關有守兵，盤詰再三，乃得放行，危懼莫甚於此，然竟得無恙，詎非
徼有天幸歟？黃向堅並識。

# 黃端木帖屺圖冊（紙本）

神留寓宙（四字隸書無款）

古人之訓人子也，曰不登高、不臨深；又曰陟彼屺、陟彼岵，各隨所遇
而盡之。言念疇昔，（堅男）徒步訪我於滇姚，又不勝升沉翻覆之慨。（男）
以間關揚歷，僅存一目，紀其程，復圖其勝，曾見其稿幾及百葉，每一葉寫
我二人於籃輿中，男與孤侄向嚴匐匍於左右，其情至，其志苦，詎與才人韻
士尋山問水者埒哉！向有十餘幅捧祝，天童木陳老和尚愛而珍之，凡遇高士
名流，出以賞鑒。余年衰邁，惟留心內典，間檢殘編以消晚景。一夕偶登瓊
枝閣，閱架上有《滇南勝景》一冊，詢其所縣。曰：「此餘數年前點染也。
今目力漸昏，間或吮筆寄興，亦不能矣。」予摸索久之，覺點點滴滴血淚與
風煙尚盈盈紙上。嗚呼！以二十三載之久，猶若旦暮；以六十有六之年，宛
如孺子。且借少文之筆意，代萊彩之娛親。予閱之，且閔予當日之冒昧。《過
盤江鐵索橋》詩云「祇為征人馳命運，翻令遊子望雲吟」，殆謂是與？後之
覽者，宜何如寄慨焉。

丙辰莫春之吉，八十有八老人識。

第一　歷邛水之西溪柳寨，溪流旁礴於石磴間，足目相警，悉從無路處覓
路。空山寥寂，野鳥悲鳴，每為之泣下彷皇。昔人云：「荒林日暮鷗鴣飛，聲
聲叫道行不得。」余於此益信。向堅。

第二　思南府治形勝，即古牂牁郡也，在今為播州界。城堞枕山臨流，其
南岸石壁萬仞，紅綠錯雜，江中巧石玲瓏，隊列於銀沙碧水之際，可稱奇境。
語云：黔地山水不入畫圖。豈人所未覩，遂致山川靈異泯滅於荒陬僻壤耶？予
摹出以識之。向堅。

　　第三　歷頂站東三十里，有雞公背。北三十里有關索嶺。嶺高四十三盤，因漢壽亭侯子諱索者曾守此嶺，故名。廟貌巍煥，額題「大有父風」四字。向堅。

　　第四　予得遇二親於白鹽井，隨衛父命往鶴川，復去程千餘里。道經雞足山之北麓，居民傍水依山，壘石為砦，陟岡眺望，風景殊異。獨喜親闈不遠，少慰岵屺之思。昔人云「他鄉到是歸」，殆謂是歟？向堅。

　　第五　次沅州界，群山糾紛，多巉崖斷磵，每日深厲淺揭，惟大瀧水勢奔流，土人架獨木為梁，危窄殊甚。余超步勇行，視怒濤如安瀾，不啻若鼓翼而登彼岸。迄今援筆，猶為股栗。向堅。

　　第六　古西平北三十里，有白水河，驛道之側，水自高崖下注數十丈，飛沫如雨。蓋黔中瀑布之最奇者。吳國倫詩云：「山形如象鼻，磵道擬蠶叢。筏渡千崖底，車鳴萬石中。短亭微上月，鳴瀑直生風。白髮悲行險，乾坤一轉蓬。」殆善於寫景者哉！向堅。

　　第七　次威清，兵阻，借道龍場。崇山矗矗，巉崿崔巍，盤互不知凡幾百里，有大壑飛泉下注，扶二親涉於橫流逆折之中。觸石沖波，為之股戰。予謂登高臨深，昔人所戒。由今思之，得無僥倖矣。圖之，且以志懼云。存庵。

　　第八　考盤江，界黔地，東距永寧，原出吐蕃，經烏撒，由七星關盤折而下，遞粵西而抵南海。昔武侯南征至盤山，即此地也。夏秋水溢，其色紅綠奔湧，有轟雷轉石聲，行者不勝望洋而歎。勝朝方伯朱公絚鐵成梁，洪功巨績，堪與伏波銅柱並垂不朽。語云：江山入畫，萬里非遙。因憶當日之出險入險，幾忘行路之難，竟不知誰為之賜也。捉筆志之。存庵黃向堅。

　　第九　予奉親歸里，每遇登臨，遙思萬里山川名勝，歷歷在目。其點蒼、洱海之間，亭亭十九峰形勝，尤冠於滇南。竊為神往，彷弗圖此。向堅。

　　第十　清浪衛城峙險險江，江水泛溢，駛如奔馬，不能施楫，兩崖置杙，以篾絚貫桅末繫舟以渡，至中流，恍若乘槎天漢。向堅。

　　第十一　響水關，地近古盤州，北距夜郎，蒙茸荊棘，重開一線。苗人據險立寨，為水西黨援，其性獷戾，猙獰可畏。路多設堡以衛行李，可稱關山險阻。向堅。

　　第十二　宿芭蕉關，夜大雪。曉起冒雪沖寒，瞥目群山璀璨，照耀林谷，真奇觀也。次滇南勝境坊。坊立坡陀中，係滇黔分界。下此即入黔地，悉毒箐巉崖，嵐瘴晝塞。諺云：「天無三日晴，地無三里平。」輒慮積雪載途，足幾

為之不前。

丁酉清和月上澣存庵黃向堅並志。

端木兄萬里迎親，又能手寫山川諸奇，使傳於永久。識者擬於太華三峰、黃河九曲，然而奇絕處不啻過之。余以世好，得遊於紀群間，每示一幅，眼界曠然，神骨欲竦。鷓鴣聲歷歷在耳，便是人間世忠孝榜樣。　牆東徐樹丕敬題。

山川草木，見天地之情。忠孝亦人情之極致也。情至而仁愛悱惻，萬象畢羅，與我益親。孝子端木，徒步萬里，迎兩親於荒菁毒霧間，其情孔摰，故所歷之山川草木即吞吐於筆墨，皆孝思所勃窣也。維時其珍襲之，當與天地齊壽。　密庵模。

端木是質行克己人，而乃善畫畫，又是其勝場。時流不敢與爭鋒，咄咄怪事。余嘗歎天下奇山水，須得奇男子挺生其間，方為不負。或曰：天下盡有奇男子，不詩不文不畫，亦復何害？然有詩有文有畫，而奇男子乃愈奇，山水亦愈奇。徐子笑曰：然於然，不然於不然。　丙辰長至前五日，陶園徐晟書於朗約寓樓。

右畫十有二幅，係孝子黃端木《萬里尋親圖》也。展閱斯冊，見瀑泉吼噴，插天峭嶒處，使人目眩心搖。孝子一介行李，登陟其間，非純孝格天，忘身事親者，安能於艱難險阻中奉二親以歸故里。摩詰有詩云「危徑幾萬轉，數里將三休」，正會此景象。斯不獨潑墨秀發，與□□□□輩並垂不朽也。維時其寶之。　芸齋周茂蘭。

《岵屺圖》者，端木黃先生之所作也，為家維時所寶，紹介於禎起徐先生，勾余言以跋之。余思天下有不朽之人，斯有不朽之事。一藝之精，一物之巧，皆足以垂世。況出於忠孝至性者哉！古人之性情多寄於詩文，若《陳情》《出師》《盤中》《北山》諸作，皆孝子、忠臣、思婦、勞人迫於不得已而後成，故精誠所感，歷千古如一日，然少以畫見者，即《畊田》《負米》諸圖，不過後人思其懿行以志景仰，非能自寫其性靈也。今黃先生間關萬餘里以求其親，其去也望山川則益悲；其奉二親以歸，則望山川以益喜。故寫其所歷，或晴或雨或雪，或登高或臨深，一一如見。余初閱之，為之垂涕；既見

其二親坐籃輿中，不勝鼓掌。夫山川之與圖畫，一也。端木之所值與余之所覽，無異也。然悲喜殊致，有不期然而然者，何哉？蓋人性相同，理之自然。蘇子曰：讀《陳情》《出師表》而不墮淚者，非忠孝人。余亦謂觀斯圖而不感而泣者，是有胸無心者也。至於筆墨之妙，深得古人遺法，秀勁如北苑，朗潤若高房山。煙雲變滅，咫尺千里，則李成、郭熙之流亞也。近世惟吳雪鴻、鄒臣虎二先生可得鼎峙。下此不逮矣。嗟乎！滇黔山水，人所罕見，以至性之人摹至奇之景，其為不朽信矣。或又曰：妙畫通神，嘗欲飛去。維時其善藏之。　西陵汪澐。

## 跋

予讀歸元恭《黃孝子傳》，既為之跋其後矣，今讀孝子自記，尋親紀程益不勝喟然有感焉。孝者，家庭之庸德。自溫清定省、怡聲愉色而外，無餘事矣；然已幾幾乎難之至，不幸而值人倫之變，如曾、閔諸賢，則古今尸祝以為純孝。其若勢有不能，為力有不可勉；雖聖賢不以之責人，不強人之所難也。如端木黃孝子之事，其兩親越在異國，其相去萬里，干戈載塗，虎狼塞道，使孝子即不往尋而終身哭泣思慕以盡其心志，此亦聖賢之所不能責矣。抑更有進者，孝子有子尚幼。聞孝子之行也，其內哭而送之曰：「君之尋親，固為孝矣。今君子尚幼，倘君不歸，則誰更如君者？」言絕沉痛，而又本於禮義。使孝子念宗祀為重，欲行中止，又誰復以不孝責之？而孝子終已不顧，毅然就道。今觀其所紀道路之遠，跋涉之艱，經歷之險。嗚呼！自天地開闢以來，出萬死一生以求二親而百折不回，卒如其願，孰有如吾孝子者乎？藉令孝子志難堅，力雖竭而所期竟不得如其願，此亦無可如何之事。而孝子竟得如其所願，於此見天道之報施，雖極紛紜變亂之中，固纖毫其不爽也。吾婁舊學博文介石先生者，固滇人也，以世變隔絕不得歸，今十年矣。孝子至滇，知介石先生所居城且屠，而家獨以世積善得闔門無恙。以此觀之，人患不孝，不患不能出其親於險阨；患不積善，不患不能全身家於亂世。其尚勉之哉！

婁上桴亭陸世儀道威父識。

## 書黃孝子尋親紀程後

於戲！余讀《黃孝子尋親紀程》而不勝長太息也。天降喪亂，至於申酉

戍亥，其事不忍言矣。君亡之不恤，而黷貨無厭，大廈既傾，猶自私營門戶，又或屠戮其親而略無惻隱之心，則是君臣義廢，父子恩亡，未有甚於此時者也。吳地人文最盛，不難馳聲譽，致通顯，惟是君臣父子之倫頗難自盡。所賴儒生下位猶有不忍於君父者，許、顧、黃、吳諸君子十許人是也。然未有父為忠臣，子為孝子，忠孝萃於一門如黃含美、端木父子者也。含美遐陬一縣令耳，滇省失守棄職，躬耕以苟全。端木徒步於野獸鋒鏑之中，萬里奉親而歸，非其忠孝根於心而能若是乎？介石先生因索覽者眾，為之刻其《紀程》以廣流行。嗟乎！秉彝之良，人所固有。願讀是編者皆發一不忍君父之心，毋僅作一人之懿行觀，斯善矣。嘉禾苗裔愚古道人識。

　　介石先生與含美先生為同庚，而端木與介石先生長子士賓亦同庚。含美以崇禎癸未令大姚，介石亦以癸未司教太倉。介石以乙酉被兵棄職，含美以丁亥被兵，亦棄職。兩先生相去萬有餘里，而其生年出處、遭逢心事若合符節。其不合者，含美父子相隔十年而復聚，介石父子兩地平安之信雖藉端木而通，今尚未及會合，為稍異耳。或疑途路雖艱，端木可往，士賓兄弟亦可來。余曰不然。人固有能有不能，聖人不強人以太難，即忠孝之士亦各有幸不幸。試看端木所履，步步皆死地，其志之成亦幸耳。萬一不幸而或有蹉跌，聖人豈以殺身為孝乎！故端木之萬死一生，奉親而歸，孝也。士賓兄弟善承世德，不墜其家，亦孝也。兩先生之子相去雖萬有餘里，而其為孝也亦若合符節。於戲！兩先生父子實皆正氣所鍾，以為君臣父子留未墜之脈者，豈有所異哉？

　　　　　　　　愚古道人又識。（第 23 編，第 1904～1958 頁）

# 陸世儀

陸世儀（1611～1672），字道威，號剛齋，又號桴亭，江蘇太倉（今屬蘇州市）人。明諸生。南都亡，乃避世終隱，築桴亭居其中，罕接賓客。與同志講學，遠近歸之。既而，應學者之請，講於東林，又再講於毗陵。當事者屢欲薦之，力辭不出。清康熙十一年（1672）卒，同治十一年（1872）從祀孔廟。著有《桴亭集》。世儀之學，主於敦守禮法，不虛談誠敬之旨，施行實政，不空為心性之功。於講學之家最為篤實，故其言曰：「天下無講學之人，此世道之衰；天下皆講學之人，亦世道之衰。嘉、隆之間，書院徧天下，呼朋引類，動軏千人，附影逐聲，廢時失事，甚有藉以行其私者，此所謂處士橫議也。」又曰：「今所當學者，正不止六藝，如天文、地理、河渠、兵法之類，皆切於用世，不可不講。俗儒不知內聖外王之學，徒高談性命，無補於世，所以來迂拙之誚也。」其言皆深切著明，足砭虛憍之弊。五七律詩格調軒爽，音節蒼涼。見《明詩紀事》辛籤卷十三、《儒林傳稿》卷二、《（嘉慶）大清一統志》卷一○四、《（嘉慶）直隸太倉州志》卷二十七、《（同治）蘇州府志》卷一一二、《晚晴簃詩匯》卷十一等。

兹據《續修四庫全書》所收清抄四卷本《復社紀略》輯錄。

## 《綠牡丹》傳奇*

當天如（張溥）之裒集國表也，湖州孫孟樸淳實司郵，置扁舟千里，往來傳送，寒暑無間。凡天如、介生（周鍾）遊跡所及，淳每為前導，一時有孫鋪司之目。兩越貴族子弟與素封家兒，因淳拜居張、周門下者無數。諸人一執贄後，名流自負，趾高氣揚，目無前達。烏程溫育仁，首輔體仁介弟也；

心醜之，著《綠牡丹》傳奇誚之。杭俗好異，一時爭相搬演。諸門生病之，飛書兩張先生，求為洗刷。兩張因親涖浙，言之學臣黎元寬。元寬，南張同籍，聲氣主盟也。因禁書肆、毀刊本，桁楊書賈，究作傳主名，執育仁家人下於獄。育仁怒；族人在介生門下者，為溫以介，力求解於兩張先生。不許，獄竟而後歸。當是時，越中飯命社局者，爭誦兩張夫子不畏彊禦；而婁江與烏程顯開大隙矣。（卷之二，第 438 冊，第 503～504 頁）

# 陸圻

　　陸圻（1614～？），清初戲曲作家。字麗京，一字講山，浙江錢塘（今杭州市）人。明季貢生。富於才藻，工詩及駢體文。少與弟階、培，咸以文章經世自任，海內稱「三陸」。又與陳子龍等為登樓社，世號「西陵體」。事親孝，刲股療母病，久而知醫。明亡避居海上，旋入閩為僧，往來南北，或賣藥都肆，無定蹤。以母老，復歸奉母。私史獄發，圻名居首，購捕甚急，久之得脫。母死，更為道士，不知所終。著有《新婦譜》一卷、《陸生口譜》四卷、《冥報錄》二卷、《威鳳堂集》一卷等。劇作有傳奇四種，均佚。見《國朝先正事略》卷三十七、《國朝先正事略補編》卷一、《清史稿》卷四八四等。

　　茲據《古學彙刊》第二集所收三卷本《纖言》輯錄。

## 南京太子

　　五月初十夜，宏光宵遁。十二曰昧爽，京城父老擒王鐸，至中城迎太子，先於獄中群笞王鐸，鬚髮俱盡。鐸云：「非干我，馬士英所敎也。」太子亟止之，命禁中城。父老遂從獄中擁太子上馬，入西華門，至武英殿，又擁至西宮。太子未櫛沐，取優伶翼善冠並袍服於武英殿登座，群呼萬歲。（中，第 11 冊）

## 酒色串戲

　　甲申十月，時上深拱禁中，惟漁幼女，飲火酒，雜伶官優人為樂。馬士英當國，與劉孔昭比，濁亂國事，內則韓、盧、張、田，外則張、李、楊、阮，一唱群和。兼有東平、興平，遙制朝權，撫寧、忻城，侵撓邊事。烽警日逼，

而主不知，小人乘時射利，識者以為寄生之國也。乙酉五月初四丙戌，百官賀，上以魚須之娛，不視朝。（下，第 11 冊）

## 迎清出狩

乙酉五月，清師逼南都。戊子，集百官清議堂議，預坐者十六人：馬士英、王鐸、蔡弈琛、陳于鼎、張捷、陳盟、張有譽、錢謙益、李喬、李沾、唐世濟、楊維垣、秦鏞、張孫振、錢增、趙之龍，各躡足偶語，百官集者甚眾，皆秘不得聞。臨行，李喬、唐世濟齊聲相和曰：「便降志辱身，亦無可如何！」有叩諸大僚者，皆言北信甚急，今者可幸無恙。蓋多官耳語者，藉之龍納款於清也。辛卯晨，傳旨：「淑女在經廠者放還母家。」午後，喚梨園入大內演戲，帝與韓贊周、屈尚忠、田成等雜坐酣飲。二鼓後，上將二妃與內官多人跨馬從通濟門出，文武罕有知者，惟內官遺冠帶印篆以百計。

己亥，清師既至，文武官暨坊保進牲醴、米麵、熟食、菜菓，絡繹塞路。趙之龍喚優伶十五隊進營，歌舞酣悅。忽報各鎮兵至，之龍跪呈豫王。王殊不為意，又閱戲五齣，方撤席。發兵三百，遣將即行。有頃，擒劉良佐至，良佐叩首，請以擒帝贖罪。（下，第 11 冊）

# 余　懷

余懷（1616～1696），清初文學家。字澹心，一字無懷，又字廣霞，號曼翁，別號鬘持老人，莆田（今屬福建）人，寓居南京。才情綺麗，詞多淒婉，為詩擅六朝之華藻，運唐賢之格調，清而能綺，麗而不靡，明季莆田詩人莫能與之抗衡，為王士禎等所推許。與杜濬、白仲調齊名，號「余杜白」。著有《研山草堂詩稿》《味外軒稿》。《板橋雜記》述曲中事甚悉，自比《夢華錄》。見《文獻徵存錄》卷一、《明詩紀事》辛籤卷十四等。

茲據清辦香閣抄三卷本《板橋雜記》輯錄。

## 顧媚*

顧媚，字眉生，又名眉，莊妍靚雅，風度超群，鬢髮如雲，桃花滿面，弓彎纖小，腰支輕亞。通文史，善畫蘭，追步馬守真，而姿容勝之，時人推為南曲第一。家有眉樓，綺窗繡簾。牙籤玉軸，堆列几案；瑤琴錦瑟，陳設左右；香煙繚繞，簽馬丁當。……未幾，歸合肥龔尚書芝麓。尚書雄豪蓋代，視金玉如泥沙糞土，得眉娘佐之，益輕財，好憐才下士，名譽盛於往時。客有求尚書詩文及乞畫蘭者，縑箋動盈篋笥，畫款所書「橫波夫人」者也。歲丁酉，尚書挈夫人重遊金陵，寓市隱園中林堂。值夫人生辰，張燈開宴，請召賓客數十百輩，命老梨園郭長春等演劇，酒客丁繼之、張燕築及二王郎（中翰王式之、水部王恒之）串《王母瑤池宴》。夫人垂珠簾，召舊日同居南曲呼姊妹行者與燕，李六娘、十娘、王節娘皆在焉。時尚書門人楚嚴某，赴浙監司任，逗留居樽下，褰簾長跪，捧卮稱「賤子上壽」，坐者皆離席伏，夫人欣然為罄三爵，尚書意甚得也。（中卷《麗品》，第22～24頁）

# 吳 綺

吳綺（1619～1694），清初文學家。字薗次，一字豐南，號聽翁、蓀叟、紅豆詞人，江蘇江都（今屬揚州市）人，安徽歙縣籍。清順治九年（1652）以拔貢生授中書舍人，奉詔譜《楊繼盛傳奇》，稱旨，即以楊繼盛之官官之，時以為榮。升工部郎中，出守吳興。人號「三風太守」，謂多風力、尚風節、饒風雅也。山水遊燕，極一時之盛。歸田後葺園，曰「種字林」。晚病目，因號聽翁。有毗陵女子，日誦其「把酒囑東風，種出雙紅豆」句，又號紅豆詞人。工詩詞、四六，著有《林蕙堂集》。見《吳興詩話》卷十三、《槐廳載筆》卷五等。

茲據清乾隆間大酉山房刊《龍威秘書》所收一卷本《揚州鼓吹詞序》輯錄。

## 九曲池

在府城北七里。煬帝將幸江都，命樂府作水調，其音淒苦。時樂人王令言子當從駕，夜於戶外琵琶彈翻調《安公子》曲。令言聞而唏噓，曰：「宮，君聲也。此調宮聲往而不返，帝不歸矣！」後果然。（第七集，第1625頁）

## 淳于棼宅

在城東十里。按，李公佐《南柯記》：淳于棼家居廣陵，宅南有古槐一株。夢槐安國王召，尚金枝公主，大獵靈龜山，出守南柯郡，爵邑寵貴二十年。及覺，乃誤入古槐蟻穴耳。棼事之有無，誠未可信，然古今人同在夢境，夢固為夢，醒亦非醒。醒者、夢者互相嘲弄，大地茫茫，何多螻蟻也！（第七集，第1626頁）

編者案：〔明〕湯顯祖以李公佐《南柯記》為藍本，創作傳奇《南柯記》。

# 陸壽名

陸壽名（1620～1671），字處實，號芝庭，江南吳縣（今屬蘇州市）人。清順治九年（1652）進士，官安徽寧國府教授。（錢仲聯主編：《中國文學家大辭典·清代卷》，中華書局1996年版，第432頁）

茲據清嘉慶五年（1800）懷德堂刊八卷本《續太平廣記》輯錄。

## 王陽明

王陽明以勘事過豐城，聞逆濠之變，兵力未具，亟欲溯流趨吉安。舟人聞濠發千餘人來劫公，畏不敢發。公拔劍馘其耳，遂行。薄暮，度不可前，潛覓漁舟，以微服行；留麾下一人服己冠服，居舟中。濠兵果犯舟，得偽者，知公去遠，乃罷。公至中途，恐濠速出，乃為間諜，假奉朝廷密旨，行令兩廣、湖襄都御史及兩京兵部，各命將出師，暗伏要方地方，以俟寧府至，襲殺。復取優人數輩，各將公文置袷衣絮中，將發間，又捕捉偽太師家屬至舟尾，令其覘知。公即佯怒，牽之上岸處斬。已而，故縱之，令其奔報濠。獲優，果於衣中搜得公文，遂遲疑不發。公至吉安，調度兵糧粗備，始傳檄徵兵，暴濠罪惡。（卷四《智術一》，第25～26頁）

## 楊用修

楊用修，在瀘州嘗醉，胡粉傅面，作雙丫髻，插花。門生昇之，諸妓捧觴，遊行城市，了不為忤。人謂此君故自污。王元美曰：「特是壯心不堪牢落，故磨耗之耳。」（卷六《高逸》，第20頁）

編者案：楊慎（1488～1559），字用修，號升菴，新都（今屬四川）人。明代

文學家，作有雜劇《洞天玄記》《太和記》及曲藝作品《廿一史彈詞》等。

## 呂蒙正廉儉

呂蒙正為相，一朝士家藏古鑒，自言能照二百里，因公弟獻以求知。其弟乘間從容言之，公笑曰：「吾面不過楪子大，安用照二百里？」其弟遂不復敢言。聞者歎服。（卷六《廉儉》，第30頁）

編者案：金院本《拋繡球》、宋元南戲《呂蒙正風雪破窰記》，俱演呂蒙正故事。〔元〕王實甫（一說關漢卿）作有雜劇《呂蒙正風雪破窰記》，〔元〕馬致遠作有雜劇《呂蒙正風雪飯後鐘》，〔明〕無名氏作有傳奇《破窰記》。後世各地方劇種，都有關於呂蒙正的劇目。

## 呂蒙正器量

呂文穆不喜記人過。初參知政事，入朝堂，有朝士於簾內指之，曰：「是小子亦參政耶？」公為不聞而過之。同列怒，令詰其人，公遽止之。罷朝，同列猶不能平。公曰：「若一知其姓名，則終身不能復忘，固不如無知也。且不問之何損？」時皆服其量。（卷六《器量》，第47頁）

## 姚牧庵

姚牧庵為翰林學士承旨日，玉堂設宴，歌妓羅列。中一人秀麗閒雅，微摻閩音。公使來前，問其履歷，初不以實對。叩之，再泣而訴曰：「妾乃建寧人氏，真西山後也。父官朔方，祿薄不足以給，侵貸公帑無償，遂賣入娼家，流落至此。」公命之坐，仍遣使詣丞相，三寶奴請為落籍。丞相素敬公，意公欲以侍巾櫛，即令教坊閱籍除之。公得報，語一小史王埭曰：「我以此女為汝妻。女即以我為父也。」後史為顯官云。

按：牧庵名燧，樞之侄也，致政家居，年八十。時夏月沐浴，有侍妾在側，公因私焉。妾前拜曰：「主公年老，賤妾倘有娠，家人必見疑，願賜識驗。」公因捉其肚圍，題詩於上曰：「八十年來遇此春，此春過後更無春。縱然不得扶持力，也作墳前拜掃人。」未幾，公薨。後果生一子，疑其外通，妾出此詩乃釋。（卷七《厚德》，第17～18頁）

編者案：姚牧庵嫁妓事，見〔元〕陶宗儀《南村輟耕錄》「玉堂嫁姑」。

## 王世貞

王世貞，備兵青州。部民雷齡以捕盜橫萊、灘間。海道宋購之急而遁，以屬世貞。世貞得其處，方欲掩取而微露其語於王捕尉者，還報又遁矣。世貞陽曰：「置之。」又旬月，而王尉擒得他盜。世貞知其為齡力也。忽屏左右，召王尉詰之：「若奈何匿雷齡？往立階下，聞捕齡者非汝耶？」王驚謝，願以飛騎取齡自贖。俄齡至，世貞曰：「汝當死，然汝能執所善某某盜來，汝生矣。」而令王尉與俱，果得盜。世貞遂言於宋而寬之（留之有用）。

官校捕七盜，逸其一，盜首妄言逸者姓名。俄縛一人至，稱冤。乃令置盜首庭下；差遠而呼縛者跪階上，其足躡絲履。盜數後窺之。世貞密呼一隸蒙縛者首，使隸肖之而易其履以入。盜不知其易也，即指絲履者。世貞大笑曰：「爾乃以吾隸為盜？」即釋縛者。（卷七《精察》，第 48 頁）

編者案：王世貞（1526～1590），字元美，號鳳洲，別號弇州山人，江蘇太倉人。明代文學家，作有《曲藻》等。一說傳奇《鳴鳳記》是他的作品。

## 嫁娶奇合

嘉靖間，崑山民為男聘婦，而男得痼疾。民信俗有沖喜之說，遣媒議娶，女家度婿且死，不從。強之，乃飾其少子為女歸焉，將以為旬日計。既草率成禮，父母謂病不當近色，命其幼女伴嫂寢，而二人竟私為夫婦矣。逾月，男疾漸瘳。女家恐事敗，紿以他故，邀假女去，事寂無知者。因女有娠，父母竊問得之。訟之官，獄連年不解。有葉御史者，判牒云：「嫁女得媳，娶婦得婿。顛之倒之，左右一義。」遂聽為夫婦焉。吳江沈寧庵吏部，作《四異記》傳奇。[1]（卷八《剩史》，第 19～20 頁）

編者案：[1] 此條源自〔明〕馮夢龍《情史》卷二「崑山民」，但末句為《情史》所無。（參看馮夢龍撰、魏同賢主編：《馮夢龍全集》第七冊，鳳凰出版社 2007 年版，第 54 頁）

## 王梅溪

王龜齡十朋，四十餘，大魁天下。以書報其弟夢齡、昌齡曰：「今日唱名，蒙恩賜進士及第。惜二親不見，痛不可言。」嫂及聞詩。（卷八《剩史》，第 24 頁）

## 優人評詞

柳耆卿、蘇子瞻各以填詞名，而二家不同。當時士論各有所主。東坡一日問一優人，曰：「我詞何如柳學士？」優曰：「學士那比得相公！」坡驚曰：「如何？」優曰：「公詞須用丈二將軍，銅琵琶、鐵綽板唱相公的『大江東去』；柳學士卻著十七、十八女郎唱『楊柳外曉風殘月。』」坡為之撫掌大笑。（卷八《雜志》，第 42 頁）

# 計六奇

計六奇（1622～？），字用賓，號天節子、九峰居士，江南無錫人。少年家貧苦讀，科場不利，授徒為業。入清，搜羅明末佚事，著為書。（張撝之、沈起煒、劉德重主編：《中國歷代人名大辭典》上冊，上海古籍出版社1999年版，第297頁）

一、據中華書局1984年版十六卷點校本《明季南略》輯錄。

## 馬士英特舉阮大鋮

阮大鋮，字集之，號圓海，桐城人。（批云：一曰懷寧人。）天啟時為太常少卿，以魏黨，思廟欽定逆案禁錮。大鋮本士英之房師，既被廢，寄居金陵，與孔昭、士英及太監李承芳交密。士英撫宣、大，以總監王坤論罪。及周延儒再相，大鋮、士英同饋萬金求復官，奪於物議，僅吉士英兵部左侍郎，提督鳳陽，此崇禎壬午四月也。至是，士英思所以酬之，孔昭殿爭因大鋮而發也。六月六日壬戌，士英奏：「冒罪特舉知兵之臣阮大鋮，當赦其往罪，即補臣部右侍郎。」許之。（卷之一，第41頁）

編者案：阮大鋮（1587～1646），字集之，號圓海、石巢，別署百子山樵、橫雲山人，祖籍懷寧（今安徽安慶），後遷桐城。明末清初戲曲家，作有傳奇《燕子箋》《春燈謎》《雙金榜》《牟尼合》（合稱《石巢四種》，俱存）及《井中盟》《老門生》《忠孝環》《桃花笑》《獅子賺》《賜恩環》《翠鵬圖》（俱佚）等。

## 朝政濁亂（初六日）

時上深居禁中，惟漁幼女、飲火酒、雜伶官演戲為樂。修興寧宮，建慈禧

殿，大工繁費，宴賞皆不以節，國用匱乏。（卷之二，第 104 頁）

## 韓贊周泣對

除夕，上在興寧宮，色忽不怡，韓贊周言：「新宮宜歡。」上曰：「梨園殊少佳者。」贊周泣曰：「臣以陛下令節，或思皇考，或念先帝，乃作此想耶。」（卷之二，第 117 頁）

## 聲色

馬士英聽阮大鋮日將童男女誘上。正月十二丙申，傳旨天財庫，召內監五十三人進宮演戲飲酒。……二十日甲辰，復召內監進宮演戲。

故事，宮中有大變，則夜半鳴鐘。一夕大內鐘鳴，外廷聞之大駭，謂有非常。須臾，內監啟門而出，索鬼面頭子數十，欲演戲耳。可笑如此，安得不亡！時表弟胡鴻儀在屯田署中，親所聞見者。（卷之三，第 156 頁）

## 五月紀略

初五日丙戌，百官進賀，上不視朝，以串戲無暇也。（卷之四，第 210 頁）

## 弘光出奔

五月初十日辛卯，閉京師各城門，傳旨縉紳家眷不許出城。午後，喚集梨園子弟入大內演戲，上與太監韓贊周、屈尚忠、田成等雜坐酣飲。二鼓後，上奉太后一妃與內官四五十人，跨馬從通濟門走出，文武百官無一人知者，遺下宮娥女優五六十人，雜沓於西華門內外，得隨一人拉去為幸。《編年》云：上跨馬從聚寶門出狩。（卷之四，第 213 頁）

## 趙監生立太子

（五月）十一日午刻，有趙監生率百姓千餘人，擒王鐸到中城獄，群毆之，使認太子。鐸呼曰：「非干我事，皆馬士英所使。」眾答鐸，鬚髮俱盡。太子亟止之，命禁中城獄。百姓擁太子上馬，入西華門，至武英殿，又擁至西宮，尚未櫛沐。時倉卒無備，取戲箱中翊善冠戴首，於武英殿登座，群呼萬歲。（卷之四，第 215 頁）

## 十八日己亥

文武官與坊保進牲醴、米麵、熟食、茶果於營，絡繹塞路。趙之龍喚優人

十五班進營開宴，逐套點演。正酣悅間，忽報各鎮兵至，之龍跪呈豫王，王殊不為意。又點戲五出方撤席，發兵三百，遣將將之即行。（卷之四，第220頁）

## 祁彪佳赴池水

貝勒既駐杭，遂散佈官吏至浙東招撫，且令薙髮，召鄉紳朝見。山陰原任蘇松巡撫祁彪佳赴池水死。祁公諱彪佳，字幼文，號世培，紹興山陰人。父承燨，知長洲縣有惠政。公年十七舉於鄉，天啟二年壬戌進士，授興化府推官。郡兵以餉稽，嘩於藩司，公挺身往論，刻期給餉，皆斂手不敢動。復令自推為首者縛送藩司治之，眾皆帖服。崇禎四年，考選福建道御史。五年冬，上疏言：「凡大小文武內外諸臣，皆使之各安其位，而後有以各盡其心。若越俎而問庖，即曠官而怠事。邇來六卿九列之長，詰責時聞，引罪日見，因而有急邊周章、救過不遑之象。竊恐當事諸臣怵於嚴旨，冀以迎合揣摩，善保名位，則未得振勵之效，反滋悠忽之圖。臣所慮於大臣者此也。人才有限，中下半參，非藉上感發其忠義，則無以鼓舞其功名。今司道有司，或欽案之累由人，或錢穀之輸未至，降級住俸，十居二三。臣子精神才具，必其稍有餘地，而後可以展布。若迫於功令，必至苟且支吾，急切赴名之心，不勝其掩罪匿瑕之念。臣所慮於群臣者此也。皇上聞鼙而思將帥之臣，倘得真英雄，即推轂設壇，夫豈為過！但骯髒負俗，決不肯俯仰司馬之門。若必依序循資，則雖冒濫之竇可清，似亦獎拔之術未盡。臣所慮於武臣者此也。皇上深懲惰窳，特遣內臣，然必搜剔出於不意，奸弊乃可無遺。若撫按之事，多令監視會同，則恐同罪同功，反使互蒙互蔽。開水火之端，其患顯；啟交納之漸，其患深。臣所慮於內臣者此也。」時以為讜論。尋巡撫蘇、松諸府，所至省騶從，延問父老，盡得其利病。豪右兼併，細民皆得控陳。一時權貴為之側目。吳中無賴自署天罡黨，凌轢小民，官治以法，則攤贓無辜，人愈益畏之。公至，捕其尤者四人，立礫於市，由是群奸股栗。他若定徵解法、捐贖鍰，為長洲置廣役田，清吳縣隱租以備荒，無錫役米以惠鮮，借華亭義米，置上海役田；時粟貴，率二石得一畝，計三年子粒，即賞華亭之數，平漕兌，歲省四郡耗羨十餘萬金。吳人至今德之。八年，請告歸。十五年，大清兵深入逼淮，道路阻絕。起公掌河南道，微服冒險，間行達京師。明年，佐大計，一主虛公，無敢以一錢及門者。會上命臺省遷轉，必歷藩臬以考其才。面折選郎於朝，因疏列其事。於是，御史蔣拱宸等群起攻之，事遂已，

而公竟改南京畿道。十七年甲申五月，公與史可法等決計定策，以公舊有威德於吳，命奉敕安撫。尋晉大理寺丞，即留為巡撫。首募技勇，設標營五，營各五百人，緣江要害增置屯堡。公受事六閱月，開館禮士，設筒受言，日夕拮据。又上疏請除詔獄、緝事、廷杖諸弊政；為朝廷所忌，遂謝病歸。乙酉夏，清兵入浙，檄諸紳投揭。公聞之，語夫人商氏曰：「此非辭命所能卻，若身至杭，辭以疾，或得歸耳。」陽為治裝將行者，家人信之不為意。閏六月六日丙戌夜分，潛出寓園外放生碣下，自投池中。書於幾云：「某月日已治棺寄戢山戒珠寺，可即殮我。」其從容就義如此。後謚忠敏。公生二子，長理孫，字奕慶；次班孫，字奕喜，皆有文譽。女德茝，字湘君，年十三四即韶慧絕人，其《哭父詩》有句云：『國恥臣心在，親恩子報難。』時盛稱之。（卷之五，第 279 頁）

## 王思任請斬馬士英疏

時馬士英潛率所部奉弘光母后突至紹興，紹興士大夫猶未知弘光所在。原任九江僉事王思任因上疏太后，請斬馬士英，曰：「戰鬥之氣必發於忠憤之心，忠憤之心又發於廉恥之念。事至今日，人人無恥，在在不憤矣。所以然者，南都定位以來，從不曾真真實實講求報雪也。主上寬仁有餘，而剛斷不足，心惑奸相馬士英援立之功，將天下大計，盡行交付。而士英公竊太阿，肆無忌憚。窺上之微，而有以中之。上嗜飲則進醽醁，上悅色則獻妖淫，上喜音則貢優鮑，上好玩則奉古董。以為君逸臣勞，而以疆埸擔子盡推於史可法，又心忌其成功，絕不照應。每一出朝，招集亡賴，賣官鬻爵，攫盡金珠。而四方狐狗輩願出其門下者，得一望見，費至百金；得一登簿，費一千金。以至文選職方，乘機打劫；巡撫總督，現兌即題。其餘編頭修腳、服錦橫行者，又不足數矣！所以然者，士英獨掌朝綱，手握樞柄，知利而不知害，知存而不知亡，朝廷篤信之，以至於此也。茲事急矣！政本閣臣可以走乎？兵部尚書可以逃乎？不戰不守而身擁重兵，口稱護太后之駕，則聖駕獨不當護耶？一味欺蒙，滿口謊說，英雄所以解體，豪傑所以灰心也。及今猶可呼號泣召之際，太后宜速趣上照臨出政，斷絕酒色，臥薪嚐膽。立斬士英之頭，傳示各省，以為誤國欺君之戒。仍下哀痛罪己之詔，以昭悔悟。則四方之人心士氣，猶可復振，而戰鼓可勵，苞桑可固也。」（卷之五，第 285～286 頁）

編者案：王思任（1575～1646），字季重，號謔庵、遂東，山陰（今浙江紹

興）人。明代戲曲理論家，作有《批點玉茗堂〈牡丹亭〉敘》《王實甫〈西廂〉
序》等。

## 思任又上士英書

「閣下文采風流，才情義俠，職素欽慕。即當國破眾疑之際，爰立今上，
以定時局，以為古之郭汾陽、今之于少保也。然而一立之後，閣下氣驕腹滿，
政本自由，兵權獨握。從不講戰守之事，只知貪黷之謀，酒色逢君，門牆固
黨，以致人心解體，士氣不揚。叛兵至則束手無策，強敵來而先期已走，致
令乘輿播遷，社稷丘墟。閣下謀國至此，即喙長三尺，亦何以自解？以職上
計，莫若明水一盂，自刎以謝天下，則忠憤節義之士，尚爾相諒無他。若但
求全首領，亦當立解樞機，授之才能清正大臣，以召英雄豪傑，呼號惕厲，
猶可幸望中興。如或逍遙湖上，潦倒煙霞，仍效賈似道之故轍，千古笑齒，
已經冷絕。再不然如伯嚭渡江，吾越乃報仇雪恥之國，非藏垢納污之區也，
職請先赴胥濤，乞素車白馬，以拒閣下。上干洪怒，死不贖辜。閣下以國法
處之，則當束身以候緹騎；私法處之，則當引領以待鉏麑。」士英愧憤不敢
答。

以伯嚭比士英，最為酷肖。一疏一書，痛快絕倫，足褫奸魄。王公以文采
風流擅名當時，豈知其當大事而侃侃若此，可與黃、左兩疏鼎足千古。（八月
廿二日。）（卷之五，第 286 頁）

## 余煌赴水

余煌，浙人，天啟五年乙丑狀元。以魏黨，崇禎初罷歸，科名幾穢矣。而
其末節如此，是能洗穢為香者，可稱也。

附記：公微時祈夢於于忠肅公廟，夢演梨園，金鼓競震，止一淨〔丑〕出
場，以頭撞公而覺，竟不解。及乙丑春及第，有司送匾至，顏曰「乙丑狀頭」，
始恍然前夢云。（卷之六，第 292 頁）

## 李成棟歸明

初，成棟於丁亥二月收繳兩廣文武印信凡五十餘顆，於中獨取總督印藏
之。有愛妾某，松江妓也，獨攜閩、粵，揣知其意，因故夕愆恚，成棟置不問。
及今年三月三十日晚侍酒，復挑之，成棟撫几曰：「憐此云間眷屬也。」蓋成
棟北來，家眷悉駐松江府城，故云此。妾曰：「我敢獨享富貴乎！先死尊前以

成君子之志。」遂引刀自刎。成棟抱屍大哭曰：「女子乎是矣！」即服梨園袍帶，冠進賢冠，四拜而殮之。（卷之十一，第 365～366 頁）

## 郎廷佐大敗鄭成功

南京有神策門，向久砌塞，是夜掘開，止留外磚一層，沿城荻深數尺，馬信等竟不知內有突門。忽炮大發，梁化鳳、哈哈木、管效忠各引精騎乘炮勢衝出，信兵大創，清將分路襲殺。余士信與先鋒甘輝方演戲，得報，被甲而出，戰良久，哈兵稍卻。（卷之十六，第 494 頁）

## 臺灣復啟（附記孔文舉事）

孔文舉，本姓王，江陰王鸛嘴人，幼為青暘吳煥如童子，少長祝髮於岑墅關帝廟，事董僧為師，利口不知書。既而至蘇州某寺，一貴顯至，眾畏避，王有膽辯，迎之，遂募化，由是得數百金，挈之走浙，居江邊。時與海通，尋以米往遺。有孔將軍者悅之，與同舟。未幾孔死，因蒙其姓，得其札副、印章，引舟兵至鎮江固山劉之源營請降。劉上聞，順治召對賜墩坐，官以將軍，還居鎮江。及康熙初年，復召賜坐如前。時鄭成功已死，其子錦猶擁眾居海外臺灣，上遣文舉往招之。錦不出見，止答此書，文舉乃還。康熙□年□月□日，文舉坐巨舟，擁兵至青暘祭墓，見家主稱叔，做戲請宴，俱有饋遺。次請紳衿張有譽等，乃去，北上覆命，閭里榮之。（卷之十六，第 506～507 頁）

二、據中華書局 1984 年版二十四卷點校本《明季北略》輯錄。

## 遼陽陷（附記遼事）

遼陽生員楊某，順治十七年總督松江，與無錫進士劉果遠會飲，演梨園，酒酣，楊忽拍案呼曰：「止！板誤矣。」劉問曰：「老總臺精審音律乎？」楊曰：「予命亦藉是獲存。今南方蠻子俱說遼人做官，不知遼人昔已殺盡，十無一二。初，清之破遼東也，恐民貧思亂，先拘貧民殺盡，號曰『殺窮鬼』。又二年，恐民富聚眾致亂，復盡殺之，號曰『殺富戶』。既屠二次，遼人遂空。惟四等人不殺：一等皮工，能為快鞋，不殺；二等木工，能作器用，不殺；三等針工，能縫裘帽，不殺；四等優人，能歌漢曲，不殺。惟欲殺秀士。時予為諸生，思得寸進，閉戶讀書，面頗肥白，被獲，問曰：『汝得非秀士

乎？』對曰：『非也，優人耳。』曰：『優人必善歌，汝試歌之。』予遂唱四平腔一曲，始得釋。」楊述竟，即於筵間親點板，歌一闋而罷。（卷二，第28～29頁）

## 張獻忠圍桐城

時九月初十，為獻忠生日，各營頭目及本營諸將，皆稱觥上壽。優人侑觴，凡作三闋：第一演關公五關斬六將，第二演韓世忠勤王，第三演尉遲恭三鞭換兩鐧。三奏既畢，八音復舉，美人歌舞雜陳於前。歡飲移時，諸將辭出。（卷十六，第282頁）

## 歲饑

卯、辰二秋，旱蝗蔽天，俗謂猛將掌蟲屬，五鄉悉演戲以禳之。（卷十六，第286頁）

## 諸臣投職名

賊初入時，縉紳恐以冠裳賈禍，悉毀其進賢冠。及二十日，見賊報名，偽主笑口頓開，從梨園中覓冠，一冠之費踰三四金。（卷二十，第472頁）

## 李自成入大明門

自成乘雕鞍駿馬，自大明門擁入，望承天門射之，暗祝曰：「若能一統江山，正中『天』字中心。」箭發，中於旁，不悅。牛金星曰：「欲代大明承天，如何反射『天』也。適進大明門，何不射『大明』二字？」自成從大明門進紫禁城，劉宗敏、牛金星等俱隨入。先拿娼婦及歌童小唱各數十人，設宴。士民各戴破帽，服破衣，匿茅舍中。紬絹數件，不能易一敝垢衣。賊又至深宮大殿，開筵演戲。諸賊出入宮闈，奔突禁闥，同坐同食，嘻笑嘈雜，全無統攝。（卷二十三，第671頁）

# 毛奇齡

　　毛奇齡（1623～1716），原名甡，字大可，號秋晴，蕭山（今屬浙江）人。清康熙十八年（1679）以諸生召試博學鴻詞，授翰林檢討，纂修《明史》。嘗以所輯《古今通韻》十二卷進御，稱淵洽。後以病乞歸，卒年九十四。奇齡博覽載籍，於學無所不窺，好議論，工詩古文辭，撰述之富，為一時冠。門人編輯遺集，分經集文二部，凡五十種，二百三十四卷。《四庫全書》收奇齡所著書目多至四十餘部。戲曲方面，曾評點《西廂》，作《毛西河論定西廂記》，並為《長生殿》等劇寫序。見《（嘉慶）大清一統志》卷二九五、《清史稿》卷四八一等。

　　一、據《四庫全書存目叢書》所收一卷本《武宗外紀》輯錄。

## 武宗逸樂*

　　嘗遊寶和店，令內侍出所儲攤門。身衣估人衣，首戴瓜拉。自寶和至寶延，凡六店，歷與貿易。持簿算，喧詬不相下，別令作市正調和之，擁至廊下家。廊下家者，中官住永巷賣酒家也。箏琴琵琶嘈嘈然，坐當壚婦於其中，雜出牽衣，蜂簇而入。潑茶之頃，周歷諸家。凡市戲、跳猿、騙馬、鬥雞、逐犬，所至環集。且實宮人於勾欄，扮演侑酒。醉即宿其處，如是累日。

　　上稱豹房曰「新宅」，日召教坊樂工入新宅承應。久之，樂工愬言樂戶在外府多有，今獨居京者承應，不均。乃敕禮部移文，取河間諸府樂戶精技業者送教坊承應。於是有司遣官押送諸伶人，日以百計，皆乘傳續食。及到京，留其技精者，給與口糧。敕工部相地給房屋，大小有差。

　　教坊司左司樂臧賢以疾求退，有旨勉起供職，未幾即升為奉鑾以寵之。

（七年）上夜微行，至教坊司，觀諸樂所用器物。

是年（十二年）冬，立春。上迎春於宣府，備百戲。

（十三年）……初，上駐偏頭時，大索女樂於太原。偶於眾妓中遙見色姣而善謳者，拔取之。詢其籍，本樂戶劉良之女，晉府樂工楊騰妻也。賜與之飲，試其技，大悅。後自榆林還，再召之，遂載以歸。至是隨行在，寵冠諸女，稱美人。飲食起居，必與偕。左右或觸上怒，陰求之，輒一笑而解。江彬諸近侍皆母呼之，曰「劉娘娘」云。

十五年正月立春，上迎春於南京，備諸戲劇。（史部第 56 冊，第 616～625 頁）

二、據《湖湘文庫》甲編《楊恩壽集》所錄毛奇齡文迻錄。

# 沈雲英傳*

沈雲英者，長巷里沈氏女也。父至緒，中崇禎四年武科進士。雲英生時，隨父出入京。騎馬，能馬射。九歲見《論語》有省，請受學，期年，遍誦四子書，及《孝經》《女誡》、唐詩、宋詞，略涉目即記憶不忘。於是向塾師請受一經，兼請受其難者，乃受《春秋胡氏傳》。明令甲春秋取士以《胡氏傳》為題，雜而無理，曰傳題。傳題雖強記，朝夕研辨，十鮮不失五，以故學者多難之。雲英一指授，無不通曉，雖老師宿儒無過者。

崇禎十六年，隨父任道州守備。流賊寇道州，父出戰，已敗賊於麻灘驛，斬其渠陣前。賊懼，將徙去。會大雨，左體被創，靴韝壅流血，足僵墜鐙，為援賊所殺，掠其屍去。雲英年二十，自率十騎，束髮被革，直趨賊寨，乘賊未集伍，連殺三十餘級，負父屍而還。賊大駭，將復之。值惠桂吉三王竄永州，賊將追三王，而以此叵測，未易復，頓捨之去。

時湖撫王君聚奎睹其事，奏請降敕贈至緒昭武將軍，祠之麻灘驛，蔭一子入監；以雲英為游擊將軍，使仍領父眾。會其夫賈萬策為故閣部督師標大劉營都司，守荊州南門，流賊陷荊州，萬策被殺。雲英號呼曰：「吾命絕矣！」因哭辭詔命，扶父柩回籍。

清師渡西陵，雲英赴水死，母王氏力救之，免。貧無食，開塾於家祠之左，訓其族中兒。族中諸生有習《胡氏傳》者，悉師之。順治十七年，白洋觀潮歸，歎曰：「吾不能久居此矣。」散遣塾中兒，沐浴臥而卒。嘉興俞汝言作有明《三述補》，以雲英烈女而授將軍，異典也，載其事《三述補》中。

退士（毛奇齡）曰：文能通經，武能殺賊，得之女子，已屬奇事。若其奪還父屍，孝也；夫死辭爵，節也；國亡赴水，忠且烈也。忠孝節烈，萃於一女子之身，此亙古所未有也，特授將軍職而始為異典哉。（第 533～534 頁）

編者案：〔清〕董榕所作傳奇《芝龕記》、〔清〕楊恩壽所作傳奇《麻灘驛》及程硯秋《沈雲英》等，均敘沈雲英故事。

# 董 含

　　董含（1626～1698 後），字閬石，一字蓉城，號榕庵、蓴鄉贅客，江南華亭（今上海松江）人。清順治十八年（1661）進士。觀政吏部，以奏銷案削籍歸里。（錢仲聯主編：《中國文學家大辭典·清代卷》，中華書局 1996 年版，第774 頁）

　　茲據上海書店版《叢書集成續編》所收三卷本《蓴鄉贅筆》輯錄。

## 傳奇假託

　　《後漢書》注曰：蔡邕父名棱，字伯直。周氏《書影》云：「邕早喪二親，年踰三十，叔父撫之猶若童穉。」據此，邕喪父母久矣。高氏傳奇何不杜撰姓名，乃一無影響，厚誣古人，殊不可解。按：周達觀《雜說》云：唐牛相國僧孺有子名繁，與鄉人蔡生同舉進士。才蔡生，欲以女弟適之。蔡已有妻趙氏，力辭不得，遂成婚。氏與趙相得甚歡。蔡後至節度使，則誠蓋借用此事，乃必以邕之名實之，可怪也。（卷上，子部第 96 冊，第 20 頁）

## 李笠翁

　　李生漁者，自號笠翁，居西子湖。性齷齪，善逢迎，遨遊縉紳間。喜作詞曲及小說，備極淫褻。常挾小妓三四人，遇貴遊子弟，便令隔簾度曲，或使之捧觴行酒，並縱談房中術，誘賺重價。其行甚穢，真士林所不齒者。予曾一遇，後遂避之。夫古人綺語猶以為戒，今觀《笠翁一家言》，大約皆壞人倫、傷風化之語，當墮拔舌地獄無疑也。（卷中，子部第 96 冊，第 40 頁）

## 女怪

東洞庭有賈人吳繼進者，家巨富。繼進尤善居積，百貨充斥。一日，與客談，忽空中聞應答聲，謂吳曰：「我儕八人，遠來託跡，但日辦素齋並呼梨園一部。此外勿煩主人也。」吳唯唯。翼午設席，布灰於地以驗之，足跡皆婦人，因呼為女仙。如是累月，繼進憤甚，赴張真人府訴之，寂然者數日。未幾復至，設席如初。伶人私相語曰：「我輩真白日見鬼矣！」猝有批其頰者，昏仆於地，群優叩頭乞哀。久之，作聲曰：「姑恕汝。」自是或拋瓦礫，或几案無故自舉，或登樹顛，或騎屋樑，變換百出。吳有侄，僅知書，性誇誕，自負必貴。盛衣冠入，厲聲叱之。語未絕而頭上冠從空擊去，左臂中一磚，踉蹌走。怪鼓掌大笑，內帑悉為徒去。闔家苦之而不能禁。予謂吳聚斂無厭，故有此怪。財盡則祟止矣。周孝廉宮與吳密，述之甚詳。（卷中，子部第 96 冊，第 54 頁）

## 伶人被刺

楓涇鎮為江浙連畍，商賈叢集，每上巳賽神最盛。以重價雇八九歲小兒，擎以鐵柱，高十許丈，競出珍寶以飾之，鼓樂前導，沿街迎三日乃止。舟車填咽，遊人接踵。又架高臺，邀梨園數部歌舞達曙，曰：「神非是不樂也。」一日，演秦檜殺岳忠武父子，曲盡其態，觀者揮淚歎息。忽一人從眾中躍登臺，挾利刃直前刺檜，流血滿地，執縛送官。詢擅殺平人之故，其人仰對曰：「民與梨園從無半面，實因一時憤激，願與檜俱死，初不暇計真與假也。」有司憐其義憤，竟以誤殺薄其罪。（卷中，子部第 96 冊，第 65 頁）

## 才子書

吳人有金聖歎者，著《才子書》。殺青列書肆中，凡左、孟、史、漢，下及傳奇、小說，俱有評語。其言誇誕不經，諧辭俚句連篇累牘，縱其胸臆。以之評經史，恐未有當也。即以《西廂》一書言之。昔之談詞者曰：元詞家一百八十七人，王實甫如花間美人，自是絕調。其品題不過如是而已。乃聖歎恣一己之私，見本無所解，自謂別出手眼，尋章摘句、瑣碎割裂。觀其前所列八十餘條，謂自有天地即有此妙文，上可追配風雅，貫串馬莊，或證之以禪語，或儗之於製作。忽而吳歌，忽而經典，雜亂不倫，且曰：讀聖歎所批《西廂記》，是聖歎文字，不是《西廂》文字。直欲竊為己有。噫！可謂迂而愚矣。其終以筆舌賈禍也，宜哉！乃有脫胎於此而得盛名、獲厚利者，實為識者所鄙也。（卷下，子部第 96 冊，第 84 頁）

# 王士禎

　　王士禎（1634～1711），字子真，一字貽上，號阮亭，別號漁洋山人，山東新城（今桓臺）人。卒後，以避世宗諱，追改士正，乾隆間，詔改士禎。生有異稟，六歲入鄉塾，誦《毛詩》至《綠衣》諸什，輒根觸欲涕。十五歲有詩一卷，曰《落箋集》。十六補諸生。年十八，舉於鄉。順治十二年（1655）成進士，授江南揚州推官。康熙三年（1664）擢禮部主事，歷官戶部郎中、國子監祭酒、兵部督捕侍郎、左都御史、刑部尚書等。士禎資稟既高，學問極博，與兄士祿等並致力於詩，獨以神韻為宗。取司空圖所謂「味在酸鹹外」、嚴羽所謂「羚羊掛角，無跡可尋」，標示旨趣。主持風雅數十年。同時趙執信始與立異，言詩中當有人在。既沒，或詆其才弱，然終不失為正宗也。著有《帶經堂集》《帶經堂詩話》《漁洋詩話》《池北偶談》《香祖筆記》《居易錄》《分甘餘話》《古夫于亭雜錄》等。見《（道光）濟南府志》卷五十五、《清史稿》卷二六六等。

　　一、據清康熙間王氏家刻後印一卷本《隴蜀餘聞》輯錄。

## 升菴故第*

　　康熙壬子入蜀，過新都縣，假館楊升菴先生故第。瓦礫之間，有二桂樹尚存。丙子再入蜀，詢先生第，已為尉署。訊二桂樹猶在，為之感歎。得簡紹芳所著年譜讀之，先生以嘉靖甲申，遣戍永昌衛。初至滇，病憊，方就醫，而巡撫黃衷，力促之去。賴巡按御史郭楠、清軍御史江良材，營護不死。其後七十二歲歸蜀，嚴檄催赴戍所。遂以是年己未，卒於滇，則巡撫游居敬也。郭楠旋上疏，請宥議禮諸臣下獄。君子小人，其用心不同如此。（第 8 頁）

二、據臺灣《筆記小說大觀》所收三卷本《居易錄談》輯錄。

## 兩旦雅好*

京師某梨園部，一旦有姿首，解文義，喜誦韓閣學元少（焱）制舉文。一日，啟奏後左門，予向韓詢其人本末。孝感熊公賜履，因言金陵某樂部一旦，最喜誦杜于皇（濬）詩。陳大司徒曰：「杜詩韓文，固自應爾。」眾亦一笑。

（卷下，第 6 編，第 4320 頁）

# 宋　犖

　　宋犖（1634～1713），字牧仲，號漫堂，亦號綿津山人，河南商邱（今商邱市）人。大學士宋權子。清順治四年（1647），犖年十四，應詔以大臣子列侍衛。逾歲，試授通判。歷官湖廣黃州通判、理藩院院判、刑部員外郎、山東按察使、江蘇布政使、江西巡撫、江蘇巡撫、吏部尚書等。康熙四十七年（1708），以老乞罷。五十三年，詣京師祝聖壽，加太子少師，復賜以詩，還里。卒，年八十，賜祭葬。嗜古精鑒，收藏以富稱。見名畫家悉延至於家，耳濡目染，遂得畫法。水墨蘭竹，疎逸絕倫。博學，工詩詞古文。獎激後進，尤多造就。著《西陂類稿》《綿津詩鈔》《楓香詞》等。見《（道光）濟南府志》卷三十七、《歷代畫史匯傳》卷五十一、《清史稿》卷二七四。

　　茲據清康熙間刻二卷本《筠廊偶筆》輯錄。

## 《西樓記》*

　　袁籜庵（于令）以《西樓》傳奇得盛名，與人談及，輒有喜色。一日出飲歸，月下肩輿過一大姓門。其家方燕客，演《霸王夜宴》。輿人云：「如此良夜，何不唱繡戶傳嬌語，乃演《千金記》耶？」籜庵狂喜幾墮輿。（卷上，第 6 頁）

　　編者案：〔清〕梁紹壬《兩般秋雨盦隨筆》卷一收錄此條，謂：「袁籜庵（于令）以《西樓記》得名。一日出飲歸，月下肩輿過一大姓家。其家方宴客，演《霸王夜宴》。輿夫曰：『如此良宵風月，何不唱繡戶傳嬌語，乃演《千金記》耶？』籜庵狂喜欲絕，幾至墮輿。真賣菜傭奴，俱有六朝煙水氣也。」（上海古籍出版社1982 年版，第 39 頁）文字略有增刪。

# 田　雯

　　田雯（1635～1704），字紫綸，一字子綸、綸霞，號山薑，緒宗子，山東德州（今德州市）人。清康熙甲辰（三年，1664）進士，授中書舍人。歷戶、工二部司員，分校順天鄉試，稱得人。督學江南，力崇古學，鼇教條十五則訓士。改湖廣督糧道，捕漕蠹，置之法。晉光祿寺卿，洊巡撫江南，儉以自奉，籌庚政，減課稅。改撫貴州，有十二州縣未設學，請立之。又歷戶、刑二部侍郎，告歸，年七十卒，賜祭葬。著述甚富，詩文博覽，與阮亭並稱。著有《古歡堂詩》《山薑文集》《長河志籍考》等。見《（道光）濟南府志》卷五十六、《國朝先正事略》卷三十七、《清史稿》卷四八四等。

　　茲據《四庫全書》所收四十九卷本《古歡堂集》輯錄。

## 馬伶粉本

　　壯悔堂《馬伶傳》，從段善本《琵琶遺事》來。唐貞元中，長安旱，詔移兩地祈雨。街東有康崑崙，擅琵琶絕技，謂街西無己敵也。遂登樓，彈一曲新翻調《綠腰》。街西亦一樓，東市大誚之。及崑崙度曲，西樓出一女郎，抱樂器亦彈此曲。移楓香調中，妙絕入神。崑崙驚駭，請以為師。女郎遂更衣出，乃莊嚴寺段師善本也。德宗詔之，加獎異。帝乃令崑崙彈一曲。段師曰：「本領何雜，兼帶邪聲。」崑崙曰：「段師神人也。」德宗令授崑崙。段師曰：「且請崑崙不近樂器十數年，忘其本領，然後可教。」詔許之，後果窮師之技。楊升庵集中亦載此事。此馬伶傳之粉本也。（卷二十，第1324冊，第217～218頁）

　　編者案：《琵琶遺事》出〔唐〕段安節《樂府雜錄》〈琵琶〉。

# 褚人獲

褚人獲（1635～1719 後），字學稼，號石農，江南長洲（今屬蘇州市）人。困於場屋，設四雪草堂，以印書為業。

茲據《續修四庫全書》所收四十卷本《堅瓠集》、四卷本《堅瓠續集》、六卷本《堅瓠廣集》、六卷本《堅瓠補集》、六卷本《堅瓠秘集》、四卷本《堅瓠餘集》輯錄。

## 姚學士

元學士姚燧，字希聲。致政家居，年八十餘。夏日沐浴，侍婢在側，因私焉。婢前拜曰：「主公年老，賤妾倘有娠，家人必見疑，願賜識驗。」學士捉其圍肚，題詩曰：「八十年來遇此春，此春遇後更無春。縱然不得扶持力，也作墳前拜掃人。」學士卒後，此婢果生子。家人疑其外通，婢出詩遂解。聞雲間陸平泉事亦類此。（《甲集》卷三，第 1260 冊，第 441 頁）

## 鄭元和行乞圖

元趙仲穆雍，文敏公之子，善書畫。曾見其所畫《鄭元和行乞圖》，首戴方巾，而以破絹裹其外。右手執簡板，左持一籃，一罐碎於地。雖衣衫藍縷，而人物風姿，正自飄逸不群。上有詩云：「鄭子曾誇蓋世才，風塵一墮甚張乖。歌殘世上蓮花落，誤卻天邊桂子開。霜雪有情飄瓦鑵，雨雲無夢到陽臺。試看身上千千結，盡是恩情博得來。」（《甲集》卷三，第 1260 冊，第 442 頁）

編者案：〔清〕錢德蒼《增訂解人頤廣集》（清光緒乙酉年刊八卷本）卷之五《寓意集》「鄭元和行乞圖」條，所載與此略同。

## 阿醜

成化中汪直用事，勢傾中外。阿附者立躋顯榮，忤之者旋加黜奪，時有「都憲叩頭如搗蒜，侍郎扯腿似燒蔥」之誚。陳鉞、王越諂媚尤甚。中官阿醜善詼諧，每於上前作院本，頗有東方譎諫之風。汪直之逐，與有力焉。一日於上前作醉人酗酒。一人曰：「巡城御史至！」酗罵如故，自侍郎至尚書、內閣。酗如故。又曰：「駕至！」其酗尤甚。最後曰：「汪太監來矣！」醉者驚起。其人曰：「駕至不懼，而懼汪太監，何也？」曰：「天下之人但知有汪太監，安敢不懼？」上頷之。醜復作直持雙鉞趨蹌而行。或問故，答曰：「吾平日惟仗此兩鉞耳。」問鉞何名？曰：「陳鉞、王越也。」又《震澤紀聞》，醜云：「天有兩月。」一人擊之曰：「月一而已，安得有兩？」醜曰：「內有陳鉞，外有王越，豈非兩月乎！」由是直等竄斥殆盡。（《二集》卷四，第 1260 冊，第 562 頁）

## 陶穀詞

周世宗遣陶穀使江南，以假書為名，實使覘之。李谷以書抵韓熙載云：「五柳公驕甚，宜為之備。」穀至，如其言。熙載云：「陶秀實非端介者。」乃遣歌姬秦弱蘭詐為驛卒女，敝衣竹釵，擁篲灑掃。穀因與通，作《風光好》詞贈之，曰：「好姻緣，惡姻緣，只得郵亭一夜眠。別神仙。　琵琶撥盡相思調，知音少。再把鸞膠續斷弦，是何年？」後李主宴陶於澄心堂，命巨杯酌陶，陶毅然不顧。徐出弱蘭侑酒，命歌前詞。穀聞之大沮，即日北歸。（《三集》卷一，第 1260 冊，第 578 頁）

編者案：〔元〕戴善夫《陶學士醉寫風光好》雜劇敘陶穀、秦弱蘭事。本事一般認為出自〔宋〕鄭文寶《南唐近事》和〔宋〕釋文瑩《玉壺清話》。

## 女狀元

《玉溪編事》：五代王蜀時，臨邛縣送失火人黃崇嘏，才下獄。以詩上蜀相周庠曰：「偶離幽隱住臨卭，行止堅貞比澗松。何事政清如水鏡，絆他野鶴向深籠。」庠覽詩召見，稱鄉貢進士，應對詳敏，即命釋之。後復獻歌，薦攝府司戶參軍，明敏多才，胥吏畏服。庠欲妻以女，崇嘏以詩辭曰：「一辭拾翠碧江涯（一作湄），貧守蓬茅但賦詩。自服藍衫居郡掾，永拋鸞鏡畫蛾眉。立身卓爾青松操，挺志堅然白璧姿。幕府若容為坦腹，願天速變作男兒。」庠見詩大驚，問其本末，乃黃使君之女。幼失怙恃，與老姥同居，元未從人。

庠益仰其貞潔。旋乞罷歸臨卭之舊隱，後莫知所終焉。《丹鉛總錄》作庠嫁之。傳奇有《女狀元春桃記》，即崇嘏也。(《四集》卷二，第 1260 冊，第 696 頁）

## 孫汝權

《南窗閒筆》云：錢玉蓮，宋名妓，從孫汝權。某寺殿成，樑上題「信士孫汝權同妻錢玉蓮喜捨」。

《聽雨增記》：孫汝權乃宋朝名進士，有文集行世。玉蓮則王十朋之女也。十朋劾史浩八罪，乃汝權嗾之。理宗雖不聽，而史氏子姓怨兩人刺骨，遂作《荊釵記》，以玉蓮為十朋妻。而汝權有奪配事，其實不根之謗也。明丘文莊公之少也，其父為求配於土官黎氏。黎誚之曰：「是兒豈吾快壻耶？」不許。公作《鍾情麗集》，言黎女失身辜輅。辜輅，廣人呼狗音。他日黎得之，以百金囑書坊毀刻，而其本已遍傳矣。(《四集》卷二，第 1260 冊，第 697 頁）

## 《琵琶記》辨

《大圓索隱》云：元高東嘉（則誠）與王四友善。四以顯達改操，遂棄其妻周氏，而坦腹於時相不華氏。東嘉挽救不得，作《琵琶記》以諷之。而託名蔡邕者，以王四少賤，嘗為人傭菜也。趙五娘者以姓傳，自趙至周而數適五也。牛丞相者，以不花家居牛渚也。記以「琵琶」名者，以其中有四王字也。張大公者，東嘉蓋自寓也。又考《真細錄》云：明高皇見《琵琶記》，廉知為王四而作，遂執四實之法。

《說郛》載唐人小說：唐有蔡節度者，微時與牛相國僧孺之子繁同學，邂逅文字交，尋同舉進士。才蔡生，欲以女弟字蔡。蔡已有妻趙矣，力辭不得。既而牛能將順於趙，趙亦無妨於牛。東嘉感其事而作此書。但則誠以元人而演唐事，何不直舉其人，而故託之伯喈以污蔑賢者耶？

按：伯喈父名棱，字伯直。有清白行，諡貞定公。見《後漢書》注。易名從簡何意？(《四集》卷二，第 1260 冊，第 697 頁）

## 致曲

王渼陂（九思）好為詞曲。有客曰：「太上立德，其次立功，其次立言。公宜留心經世文章。」渼陂答曰：「公獨不聞其次致曲？」一作汪南溟。(俱《露書》)(《五集》卷二，第 1261 冊，第 40 頁）

## 誕日優語

蘇郡侯誕日，所屬一州六縣牧尹皆稱賀在座矣。惟崇明尹後至，值閉門不得入，彷徨無計。乃密召一優謂之曰：「汝能使郡公延我入，必重賞。」優諾之。乃於筵前發科，高吟曰：「黃堂太守不是人。」座賓聞其所吟，俱失色。又一優問曰：「是甚麼？」答曰：「卻是天上老壽星。」座賓皆解頤。優續吟曰：「今日八仙來慶會，眼前只少呂洞賓。」一優答之曰：「洞賓因在東海中，採度索桃來獻，故此來遲。如今已在門外了。」郡公聞而悟其意，亟啟門延崇令入席，恰成八仙。郡公喜甚而厚賞之。蓋崇明縣治在海中，故優及之。（《五集》卷三，第 1261 冊，第 61 頁）

## 高明善對

瑞安高則誠（明），少辯慧，善屬對。年六歲，父會客。明從桌邊竊食。客曰：「令郎捷對，敢請試之；曰『小兒不識道理，上桌偷食』。」明對曰：「村人有甚文章，中場出對。」客曰：「細頸壺頭，敢向腰間出嘴。」明曰：「平頭鎖子，卻從肚裏生鬚。」及長，下筆成章。（《六集》卷一，第 1261 冊，第 92 頁）

## 弄參軍

《復齋漫錄》：薛能贈吳姬詩：「樓臺重迭滿天雲，殷殷鳴鼉世上聞。此日楊花初（一作飛）似雪，女兒絃管弄參軍。」又本朝張景，景德三年以交通曹人趙諫，斥為房州參軍。[1] 景為《屋壁記》，略曰：近制，州縣參軍無員數、無職守，悉以曠官敗事、違戾政教者為之。凡朔望饗宴，使與焉。若人見之，必指曰：參軍也，嘗為其罪矣。至於倡優為戲，亦假為之，以資玩笑；況真為者乎，宜為人之輕視而狎侮也。按，段安節《樂府雜錄》：戲弄參軍，始自後漢館陶令石耽。有贓犯，和帝惜其才，免罪。每宴樂，令衣白夾衫；命優伶戲弄辱之。經年乃放，後為參軍掾。唐開元中，有李仙鶴善此戲。明年，特授韶州司正參軍。又，五代王建時，王宗侃謫維州司戶參軍，曰：「要我頭時，斷去，誰能作此措大官！」俳優弄參軍。《戲瑕》：唐肅宗燕於宮中。女優弄假戲，有綠衣秉簡為參軍者。天寶末，蕃將阿布恩伏法，其妻配入掖庭，因隸樂工，令為參軍之戲。公主諫以為不可，遂罷戲，而免阿布恩之妻。[2]《因話錄》所載甚詳。薛能詩，可證女優妝束矣。《輟耕錄》直以參軍為後世

副淨云。開元中，黃幡綽、張野狐善弄參軍，然則戲中孤、酸，皆可名參軍也，豈必副淨為之哉。（《六集》卷四，第 1261 冊，第 168 頁）

編者案：〔1〕「斤」，《堅瓠集》作「升」，茲據〔宋〕趙彥衛《雲麓漫鈔》卷五更正。（參看《雲麓漫鈔》，中華書局 1996 年版，第 86 頁）

〔2〕〔明〕錢希言《戲瑕》卷二「弄參軍」條，同此。「假戲」，〔唐〕趙璘《因話錄》作「假官戲」；「恩」，《因話錄》作「思」。（參看《因話錄》，古典文學出版社 1957 年版，第 69 頁）

## 優伶子弟

角戲，有生、旦、淨、丑之名者。《樂記》注謂：俳優雜戲，如獼猴之狀。乃知生，狌也，猩猩也。旦，狙也，猵狙也。《莊子》猨猵狙以為雌。淨，猙也。《廣韻》：似豹，一角五尾。丑，狃也。《廣韻》：犬性驕。謂俳優如四獸，所謂獿雜子女也。末，猶末厥之末。外，猶員外之外。胡氏《筆叢》：凡傳奇以戲為稱，〔1〕無徃而非戲也。故其事欲悠謬而無根，其名欲顛倒而無實。故曲欲熟而命以生也；婦宜夜而命以旦也；開場始事而命以末也；塗污不潔而命以淨也。凡此咸以顛倒其名也。中郎之耳順而婿卓也，相國之絕交而娶崔也；《荊釵》之詭而夫也，《香囊》之幻而弟也：凡此咸以悠謬其事也。由勝國而迄國初一轍，近為傳奇者，若良史焉，古意微矣。（《六集》卷四，第 1261 冊，第 169 頁）

編者案：〔1〕「以戲為稱」，〔明〕胡應麟《少室山房筆叢》卷四一作「以戲文為稱」。（參看《少室山房筆叢》，中華書局 1958 年版，第 556 頁）

## 中原音韻

泰定甲子秋，高安周德清號挺齋，著《中原音韻》並起例，以遺青原蕭存存。未幾，訪西域友人瑣復初（非）。同志羅宗信見餉，復初舉觴，命謳者歌樂府【四塊玉】。至「彩扇歌，青樓飲」，宗信止其音而言曰：「『彩』字對『青』字，而歌『青』字為『晴』。吾揣其音，此字合用平字聲，必欲揚其音。而『青』字乃抑之，非也。」復初因驅紅袖，而自用調歌曰：「買笑金。纏頭錦。得遇知音可人心。怕逢狂客天生沁。組死崔，劈碎琴。不害磣。」德清聞歌大喜曰：「予作樂府三十年，未有如今日之遇二公，知某曲之非，某曲之是也。」遂捧巨觴，口占【折桂令】一闋曰：「宰金頭黑腳天鵝。客有鍾期，座有韓娥。吟既能吟，聽還能聽，歌也能歌。和白雪新來較可。放行雲飛去

如何。醉睹銀河。燦燦蟾孤，點點星多。」歌畢，相與痛飲而罷。（《七集》卷二，第 1261 冊，第 213 頁）

## 曲牌名詩

進賢舒狀元（芬）用曲牌名作詩曰：「惟愛宜春令去遊，風光猶勝小梁州。黃鶯兒唱今朝事，香柳娘牽舊日愁。三棒鼓催花下酒，一江風送渡頭舟。嗟予沉醉東風裏，笑剔銀燈上小樓。」（《七集》卷四，第 1261 冊，第 242 頁）

## 與妓下火文

崑山周妓係籍部中。張子韶（起）為守，適娼亡；道川來訪，命作下火文，云：「可惜可惜許大家，且說道可惜個甚麼。可惜巫山一段雲，眼如新水點絳唇。昔年繡閣迎仙客，月日桃源憶故人。休記醜奴兒斂子，便須抖擻好精神。南柯夢斷如何也，一曲離愁別是春。大眾還知周娘向甚麼處去？這裡分明會得：驀山溪畔，頭頭盡是喜相逢；芳草渡頭，處處六么花十八。其或未然，更聽下句。咦！與君一把無明火，燒盡千愁萬恨心。」（《七集》卷四，第 1261 冊，第 243 頁）

## 佳人集曲名

尤悔庵先生有《菩薩蠻》詞詠佳人，云：「步搖顆顆珠環小。裙拖滴滴金泥巧。早起傍妝臺。笑兜紅繡鞋。　　名香羅帶染。碧玉鉤簾卷。度曲喜雙聲。呼郎併合笙。」（《七集》卷四，第 1261 冊，第 243 頁）

## 梅嘉慶傳

〔明〕張王賓《梅嘉慶傳》，用曲牌名點綴成文，足稱工巧。傳曰：嘉慶子者，臨江梅氏，父為東甌令，早卒。母虞美人，孀居紡績以教子。年十二時，從四門子學，好與少年遊。素集賢賓，南鄉子、生查子、江城子，皆相友焉。長而自負甚高，號曰臨江仙。嘗作《快活三》詩云：「漢宮春暖滿庭芳，沉醉東風戲舞狂。月上海棠疎影動，梅花引入夢魂香。」「一翦梅開半作詩，亭前柳色盡蛾眉。玉交枝上鶯啼序，紫苑玲瓏粉蝶兒。」「月中丹桂誰先折，且醉花陰臥片時。一唱太平天下樂，謾隨玉女步雲梯。」世人迂之，目為山花子之流，而子固釋然。時沽美酒痛飲，飲輒醉扶歸，母怒，責

之曰：「醜奴兒不思步蟾宮而學醉翁子也。」子悟，擲金錢為誓曰：「吾不能折桂令使人稱好孩兒者，有如此錢！」遂讀書高陽臺，庭植萬卉以娛目。然而素憶秦娥。娥者，鄰女也，年甫十五而有麗色。子聞而慕之，無由面也。適後庭花發，娥上小樓望之，若窣地錦也，而獨愛山桃紅，方欲隔垣折之，窺見慶子，據青玉案，披皂羅袍，狀貌魁傑，音中黃鐘，暗忖曰：「真出隊子也！」不覺有流連意。而子見花枝頻動，偶一舉目，則驚疑以為鵲橋仙也。熟玩之，方識其為娥，歎曰：「美哉，美哉！當令雁兒落也，當令月兒高也。」遂潛出，折一枝花以贈曰：「是玉連環也。」娥嬌羞無語，而秋波轉盼，百媚俱生。適婢金菊香至，戲曰：「姐見蝶戀花也。」娥掩面疾走，而子見其步步嬌，因賦一詞，名曰《浣溪沙》：「粉面嬌娥點絳唇。木蘭花底笑顏生。小桃紅處暗香聞。　　羅帶飄飄金絡索，繡鞋隱隱踏莎行。一團風趣玉慴春。」思之不置，又賦詩云：「夜深懶去剪銀燈，為憶多嬌醉落魂。何日魚遊春水底，歡欣一夕解三醒。」時春日正妍，黃鶯兒報曉。娥早起，傍妝臺不能自遣，作《畫眉序》曰：「舉目園林好，憑闌懶畫眉。懷愁如夢令，魂逐駐雲飛。」一日，娥告父母以踏青遊，乃令婢秋香引道。子知之，遂潛步芳塵，見其入一寺，問婢曰：「此間何神？」婢曰：「菩薩蠻大和佛也。」娥即向前暗禱曰：「妾若得與阮郎歸，當以金錢花燒贈。」及出而遇子於門。子徐曰：「卿卿不思張生、鶯鶯事耶？」娥佯問其婢，而意實答生曰：「此不是路也。」子細繹之，歎曰：「真好姐姐也。」乃悵然去。娥亦歸，而其婢曰：「今日若非秋香，幾為雙鸂鶒也。」娥笑曰：「誰願成雙也？」然而兩同心鬱鬱成疾。父母揣其花心動，乃囑香柳娘為擇配。娥知之，令幼婢賽紅娘者，以一封書寄子，且贈一詩曰：「此身恰似孤飛雁，獨對淒涼一盞燈。懶看畫樓秋夜月，厭聽街市賣花聲。祇因上苑迎仙客，卻使幽閨憶故人。惟願侍君雙勸酒，相逢一一訴衷情。」子得書甚喜，遂以賂遺柳娘，而求通婚。柳娘以婚事達其父母。父毋怒曰：「汝欲以吾金蕉葉，棄與啄木兒也。」子聞之不樂，乃作《江頭送別》詩，令蒼頭滴溜子寄娥曰：「一江風雨苦匆匆，害煞鴛鴦西復東。恨入幾川撥棹子，愁埋兩地玉芙蓉。許多心事江兒水，萬斛相思刮地風。為我暗傳言玉女，詩成血淚滿江紅。」娥覽詩，嗟歎不已。時將秋闈，梁州序舉子以試，子欲別母而行。母曰：「兒此去如浪淘沙，且恐無益也。」子曰：「倘一旦得賞宮花以顯親揚名，使天下作孝順歌，奚不可者。」邀其友倘秀才、滾秀才，使朱奴兒喚夜行船以往。出門見鵲踏枝而噪，聲如碧玉簫；

令卜算子號山麻客者卜之，吉。乃就試。試畢，主師三學士鮑老催、金字經、東原樂俱賞子之文，評曰：「氣雄如下山虎，聲弘如水龍吟，蓋字字錦也。」遂首擢子。子因馬上作詩曰：「深鎖寒窗幾度秋，而今始得錦纏頭。桂枝香惹輕羅透，錦上花開兩鬢悠。白屋來時寶鼎現，清江引出綠波流。當時惆悵西江月，今夜姮娥遶地遊。」捷報鄉間。鄰翁甚悔之，娥亦恨曰：「我父母自誤佳期，令人長相思耳。」因吟一絕曰：「雁過南樓遠，驚聞瑞鷓鴣。瑤臺月移去，懊恨撲燈蛾。」生謝主師後，衣錦還鄉。鄰翁以姻事謀於豹子令。令曰：「試往言之。」翁乃以錦鐺引進，欲以女奉箕帚。子佯言曰：「始棄我而今復我，翁其耍孩兒乎？」翁曰：「焉知今日錦衣香也。」子曰：「然。姑待北朝天子而歸議之。」翁諾。娥聞子北上，惻然曰：「郎今捨我望遠行，必將另娶水仙子也。」於是病甚，而服紫蘇丸，不知慶子實意難忘也。子詣京，謂〔謁〕金門，朝天子；天子命為新水令。為政稱人心，邑人編排歌以頌其德。自是而爵位節節高矣。一日西番齊天樂者，自稱聖藥王，激變。遣其將禿廝兒、麻郎兒、番鼓兒、竹馬兒、雪獅兒、皂角兒、忒忒令七兄弟者，侵擾漿水令油葫蘆谷，過牧羊關。邊將混江龍、金瓏璁戰俱不利，響應天長，中都騷然。時宰相賢奏曰：「梅嘉慶有韜略，足定西番。」天子征至，問曰：「寇至奈何？」對曰：「水底魚兒，臣當一網盡耳。」天子喜，賜皂皮靴、駿甲馬及劍器令，簇御林軍萬人徃。生下令曰：「凡我諸軍，聞大迓鼓則進，重迭金則退，望採旗兒為號。」乃押蠻牌令，統七賢過關。與賊鬪寶蟾，又鬪點〔黑〕麻連勝。軍威所振，如白雀衝天。復率眾暗渡灞陵橋，使福馬郎、旋風子伏兵金娥曲，而令破陣子挽弓弩前破齊陣。賊披靡，驚愕相顧曰：「梅二郎神也。」悉遁，餘兵死者幾半。其遁者，中途伏發，降其將黃龍鎖窗郎，擒十五郎，懸蠻首於樂，作雁兒舞。馬驅逐北，若鬪鵪鶉然。蠻王遁跡，番兵皆光光乍矣。子乃下得勝令，整兵還，與諸軍會河陽，軍中齊唱甘州歌焉，子亦作《曉行序》：「霜天曉角響，一馬歸朝歡。雁過沙滿地，臘梅花影寒。」時道經臨江，子歸拜母，乃穿大紅袍，繫繡帶兒，駐馬廳前。娥聞之，曰：「玉郎歸，好事近也。」翁復求聯姻，子以告其母。母命娶之。生備雁魚錦、三段子、四塊玉及山坡羊、梅花酒聘焉。娥因歸子，同會銷金帳。子欲脫布衫，娥曰：「君毋綿搭絮也。」子曰：「卿卿今尚可鎖南枝，不放花乎？」強逼之而戲，曰：「金井水紅花放矣。」娥曰：「檀郎不惜奴嬌也。」相與溫存萬狀。早起備上京馬，載娥同行。至京，暮夜遊朝，玉漏遲遲。及曉，進見

天子，拜舞殿前歡甚。百官共賀太平。天子樂，令設宴，珍羞錯集，如大河蟹、白崔子者咸備焉。奏大聖樂以慰勞之，賜一斛珠、縷縷金、五樣錦、天淨紗。聞其已娶，復賜紅衲襖、女冠子，使從御街行以出。一夕，娥謂子曰：「人生若雨中花、寄生草耳。君雖富貴，不如漁家傲也。且堂上有老姑，不免缺五供養。君不聞烏夜啼，有反哺意耶？」子乃屢疏乞歸，天子不得已許之，賜宮女吳織機、醉娘兒、似娘兒、梨花兒為婢。命翰林風流子唐多令草誥以封之，曰：「始守新水，行太平令。繼收江南，平定西番。四邊靜，皆卿之力。冊封太師引，妻封國夫人，贈封其父母如子官。」子受封歸。時夏初臨，途中作《蝦蟇序》《獅子序》，大抵言其碌碌，無異一撮棹也。及歸，為母上壽，開宴畫錦堂。娥曰：「不圖今日有此相見歡也。」遂傾杯序舊情，因賡相作歌。子云：「當年一盆花際立，淒涼只有緱山月。憶君顏色勝如花，教人常對榴花泣。愁雲偏送風入松，怨雨灑向梧桐葉。今朝何幸朱履回，泣顏回轉歡聲集。紫燕歸梁相對語，雙雙蝴蝶常徘徊。章臺柳賽西地錦，幽庭疑似小蓬萊。但願千秋歲無限，嘯歡時把玉山頹。」娥云：「落梅風裏罵玉郎，繡球怕滾東家牆。相思琵琶撥不盡，畫堂春色空悲傷。燒夜香時心欲裂，五更轉轉煩愁腸。今宵相與慶宣和，菊花新處秋風過。石竹花開並頭蕗，錦堂月下同婆娑。洞仙歌出雙聲子，香羅帶結牽情多。與君占盡普天樂，何須重唱朝元歌。」母初不知其情，及聽其詞，笑謂娥曰：「吾子以汝貌賽觀音，當欲作探春令。以吾思之，若非江頭金桂發，安能沉醉海棠紅也。」復謂子曰：「兒今縱醉歸遲，不爾責矣。今而後子與我兩休休焉，不為爵祿名位所絆也。」三臺令胡搗練聞之，亦作歌以贈曰：「君家想是江神子，逍遙樂在閒庭裏。辭印歸來醉太平，為惜黃花怕無主。」「立朝列位鬼三臺，還家嘯飲絡索杯。芳名已標鳳凰閣，清風應振古輪臺。」後慶子作本序，即以前腔作尾聲。君子曰：嘉慶子，豈不毅然一丈夫哉！感皇恩則思報君，賀聖朝則願歸養。不以貴忘娥，非薄倖也；必以禮娶娥，非苟合也。其立身，其行己，可謂端正好矣，豈與昔日憶鶯兒者一樣腔耶？余故筆之，以成余文。（《七集》卷四，第 1261 冊，第 244～249 頁）

## 三友傳

李卓吾有黃鶯、燕子、喜鵲《三友傳》，亦用曲牌名成文。傳曰：維暮之春，百花鬥妍，千枝添綠，滿庭芳草。忽報東風第一，而點綴園林好景者，

嚶嚶鳥鳴也。時則黃鶯兒間關上下，見簇御林中花柳分春，金蕉展葉，乃拂翎而作聲曰：「時哉時哉！收江南春色而醉花陰者，非吾徒哉？」於是取亭前柳以構室，玉交枝以繚垣，綿蠻簧語，載好其音，而俯仰之間晏如也。然性好友，每喚友於黃薔薇架上，見祝英臺雙蝴蝶，三三五五，紛飛晝錦堂前。或戀金錢花，或翻紅芍藥，翩躚相逐，低度粉牆而去。黃鶯兒曰：「此輩止可妝成一種絳都春耳，非吾友也。」正尋思間，忽遇雙雙燕兒舞於桃李下。鶯兒佯叱曰：「汝何物也，敢與桃李爭春耶？」燕兒呢喃答曰：「我燕也。秋去春來，有年於茲矣。子未識我乎？」鶯兒曰：「姑戲子耳，毋相訝。倘子不棄，願為子友。」燕兒許諾，因造鶯居，則見落梅風起，楊柳搖金，前有梨花兒、青杏兒，後有小桃紅、纏枝花，三月海棠蓁蓁夭夭，四望極目。燕兒歎曰：「真錦上花也。」鶯兒曰：「聞有胡燕，有越燕。子何所產？」燕兒曰：「胡越一家耳，俱產烏衣國也。」鶯兒曰：「今爾居安在？」燕兒曰：「昔拓拔氏塗腦中原，曾徙於簇玉林中。彼朱奴兒、卜算子屢害我雛，覆巢王謝堂前。蓋謝之妻即烏衣國王女，我舊姻族也。故往依之。今又移居上小樓，與三學士為鄰矣。」鶯兒戲問曰：「子居塵土中，寧如我有此風光好乎？」燕兒曰：「子知海棠春，豈知玉樓春也！子何誇焉。」已而煙鎖南枝，西江月上，燕兒銜花掠水而歸。鶯兒穿一叢花，見月掛玉鉤，四邊靜悄。香柳娘、虞美人、紅娘子剔銀燈，燭影搖紅。縱步觀後庭花，或整紅衫兒，舞霓裳；或排青玉案，燒夜香；不知霜天曉角，已三更轉，五更轉，而銅龍將報天曙矣。已而有夜飛鵲踏南枝，翩遷舞蹈。鶯兒詢其故。答曰：「我鵲也，能報吉兆祥，人稱喜鵲。今見古輪臺畔，露逼牡丹盛開，欲為少年遊子寄一佳信耳。」鶯兒誚之曰：「吾聞公輸子削竹木成鵲，飛三日不下。汝非竹木為者乎？」鵲曰：「今天下無公輸子，故勞爾流鶯調舌也。」鶯兒延入叢中，相結為友。鵲曰：「我喜遷喬久矣，何幸今日共賞宮花也。」鶯兒曰：「昔王荊公見啄木兒，即自解衣上樹以探汝巢。汝其殆哉！」鵲曰：「彼所謂緣木求魚、守株待兔者也。安能害我！」已而鶯兒垂首低尾，若有所思。鵲問之，鶯兒曰：「唐明皇時，我集禁苑中沉香亭上。明皇乘珍珠馬，穿皂羅袍，過而見之，呼為金衣公子。後人誤稱錦衣公子。今東園樂事不減明皇，而時移世改，可以長相思也。」鵲亦曰：「牛郎織女為銀河阻隔，若非鵲橋夜渡，終身不得效於飛樂也。人故以鵲橋仙目我。今石榴花放，七夕又將至矣。彼寧無再團圞之望乎？」鶯兒曰：「吾友來矣！」鵲視之，乃燕兒舞也。鵲曰：「燕燕于飛，差池其羽，子

其是耶?」燕兒曰:「月明星稀,烏鵲南飛,非子也耶。」於是三友相接甚歡,錦纏枝,踏花翻。嗣後卯而聚,酉而散,十二時每過半焉。不覺春去夏徂,又早桂殿秋賀新涼也。一日同上小梁州,立於橋頂,遂名三仙橋。鶯兒曰:「我在高陽臺,見粉蝶兒戀一枝花。彼自以為與世無求,而與人無爭矣。不知耍孩兒嗤其不見,而撲之為螻蟻食也。」燕兒曰:「夫粉蝶兒,其小者也。吾銜泥浣溪沙頭,見水底魚兒乘長風,破萬里浪。彼自以為與人無爭矣。不知水仙子、漁家傲,方將持竿攝綸,而川撥棹以釣取之。晝遊乎江湖,夕調乎鼎鼐,雖吞舟之鱣鮪,不能活此於江兒水中也。」鵲曰:「夫水底魚,其小者也。我過小重山,見一行斜飛,插天而下。佇倪之,乃雁兒落也。蘆花為伴,明月為友,飄颻乎高翔。彼亦自以為與人無爭矣。不知福馬郎、山麻客方將關〔開〕烏號之雕弓,挾夏服之勁箭,引微繳,凌清風,加己於千仞之上,而身為俎醢也。」鶯兒聞之愴然曰:「悲哉雁也,曷為蒙此禍也。昔蘓子卿在匈奴,牧山坡羊。倘孤飛雁不寄一封書,則子卿不得歸朝歡矣。彼且弗免,豈非命哉!我與爾夷遊乎天地之間,繒繳不及,弧矢不加,正所謂飛鳥依人,人且憐之,豈不為天下樂耶?」頃之,鵲忽曰:「刮地風寒,又早飄金井梧桐矣。」鶯兒亦曰:「江頭金桂又早開遍也。」燕兒曰:「然則豆葉黃,楚江秋到矣。吾非薄倖,欲辭君去,返烏衣國也。」於是鶯兒與鵲至江頭送別。燕兒曰:「黃花滿目,可惜分飛,唱還鄉曲、踏莎行也。」鶯兒與鵲同應曰:「願子毋忘賞花時。春從天上來,再得慶東園,訴衷情也。」燕兒遂翻波戲浪而渡。黃鶯與鵲目送之,望遠行,不見將返,則桂枝香滿,菊花新放,柳葉兒、梧葉兒、金井水紅花俱已黃落,而兩岸玉芙蓉又老矣。鶯兒乃戚然曰:「一江風景,好傷感也。囀林鶯,聲聲慢,不是路矣。」遂深藏不出。惟鵲不避歲寒,挺然與風入松、臘梅花競節。暨風和景明,則群聚如故,而相期為千秋歲、萬年歡云。

野史氏曰:黃鶯兒,春鳥也,一名鵧鷒,一名黃鸝,一名栗留。性喜春生,惡秋殺,且善喚友,而復不苟合。吾觀燕也,去來以信;鵲也,吉凶前知,則知鶯之能擇友矣。間亦雜以詼諧,而聲應氣求,終始不逾,未嘗至於相忤。詩云:「善戲謔兮,不為虐兮。」黃鶯有焉。況夫知幾知命,囂然自得;玩其言,又可想見。蓋不啻出幽遷喬,知其所止而已也。噫嘻!爭地之蝸為利而鬥,刳腸之龜因智而死,孰若鶯之群聚嬉嬉,付身世於兩忘,而人莫敢侮也耶!鶯乎鶯乎,其稟性天之靈乎?友乎友乎,可以人而不如鳥乎?(《七集》卷四,第1261冊,第249~252頁)

## 召乩演戲

乩仙，大約文人才士精靈之所託。有金某通其術，詭稱一陳夫人，號曰慈月智朗，與生有婚姻之緣，請之即來。長篇大章，滔滔汨汨。縉紳先生亦惑其說。又有召鬼演戲，以數歲小兒為之。啼笑悲歡，手舞足蹈。一童自稱西楚霸王，持巨木而舞，不知其重。適嘉興一士在旁謂曰：「吾有一對，請魯公對之。西水驛西，三塔寺前三座塔。」驛與寺皆在嘉興。童忽仆地，遲久復起，乃大言曰：「北京城北，五臺山上五層臺。」眾稱善。復曰：「吾為此對，幾遊遍天下矣。」半晌乃蘇。（《十集》卷一，第 1261 冊，第 440 頁）

## 戲臺對聯

康熙癸酉春，蘇城搭臺演戲，幾無隙地。婦女有搶去首飾者，有被人奸騙者。無賴生事起釁不一，當事不為嚴禁，至四月猶未止。予從石湖歸，見彩雲橋北演戲，登岸往觀。見臺上對語云：「六禮未成，頃刻洞房花燭；五經不讀，霎時金榜題名。」甚為切當。猶憶幼時見一聯云：「逢場作戲，把往事今朝重提起；及時行樂，破工夫明日早些來。」四句皆成語，確是戲臺對聯，移他處不得。（《十集》卷一，第 1261 冊，第 442 頁）

## 優人諧戲

《群居解頤》：優人李可及善諧戲。嘗因延慶節，緇黃講誦畢，次及優倡為戲。可及褒衣博帶，攝齋升座，稱三教論衡。一人問曰：「既言博通三教。釋迦如來是何人？」對曰：「婦人。」問者驚曰：「何也？」曰：「《金剛經》云：『趺坐而坐。』非婦人，何須夫坐然後兒坐也！」又問太上老君何人。對曰：「亦婦人。」問者曰：「何也？」曰：「《道德經》云：『吾所大患，以吾有身。及吾無身，吾有何患。』非婦人何患於有娠乎？」又問文宣王是何人。曰：「亦婦人也。」問者曰：「何也？」曰：「《論語》云：『沽之哉，沽之哉，我待賈者也。』非婦人奚待嫁為？」上大笑，厚賜之。（《十集》卷四，第 1261 冊，第 505 頁）

編者案：「三教論衡」初見於〔唐〕高彥休《唐闕史》。

## 《西樓記》

袁韞玉《西樓記》初成，往就正於馮猶龍。馮覽畢，置案頭，不致可否。袁惘然，不測所以而別。時馮方絕糧，室人以告。馮曰：「無憂，袁大今夕饋

我百金矣。」乃誡閽人：「勿閉門。袁相公饋銀來，必在更余，可徑引至書室也。」家人皆以為誕。袁歸，躊躇至夜，忽呼燈持百金就馮。及至，見門尚洞開。問其故，曰：「主方秉燭，在書室相待。」驚趨而入。馮曰：「吾固料子必至也。詞曲俱佳，尚少一齣，今已為增入矣，乃《錯夢》也。」袁不勝折服。是記大行，《錯夢》尤膾炙人口。（《續集》卷二，第 1261 冊，第 555 頁）

## 金優

海鹽有優童金鳳，少以色幸於分宜嚴東樓。東樓晝非金不食，夜非金不寢。金既色衰，食貧里居。比東樓敗，王鳳洲《鳴鳳記》行，而金復塗粉墨身扮東樓。以其熟習，舉動酷肖，復名噪一時。向日之恩情，置勿問也。（《廣集》卷三，第 1261 冊，第 657 頁）

## 楊升庵【黃鶯兒】

《藝苑巵言》以《雨中遣懷·黃鶯兒》前一首為楊升庵夫人所作，後三首為升菴作。王元禎以為四詞皆出升菴。「積雨釀春寒，看繁花樹樹殘，泥塗滿眼登臨倦。雲山幾盤，江流幾灣，天涯極目空腸斷。寄書難，無情征雁，飛不到滇南。」「夜雨滴空階，傍愁人枕畔來，鄉心一片無聊賴。淚眸懶揩，狂歌懶裁，沈郎多病寬腰帶。望琴臺，迢迢天外，懷抱幾時開。」「霽雨帶殘虹，映斜陽一抹紅，樓頭畫角收三弄。東林曉鐘，南天晚鴻，黃昏新月弦初控。望長空，披襟誰共，萬里楚颷風。」「絲雨濕流光，愛青苔繡粉牆，鴛鴦浦外清波漲。新簟送涼，幽芳弄香，雲廊水榭堪遊賞。倒金觴，形骸放浪，到處是家鄉。」（《補集》卷二，第 1262 冊，第 28 頁）

## 俞君宣詞曲

俞君宣先生（琬綸）[1]《贈歌童小徐曲調寄四朝元》並小序云：

黃必顯，偉然男子矣。然弱年奇麗，非人間所有。後來之秀，復得小徐。予嘗言得一小二，天下可廢郎；童得一小徐，天下可廢女子。或謂過贊小二。不知壓下小二，更無足[2]述，益令小徐擅場矣。此曲蓋為小徐作也。曲成，以示友人。友人云：「妙在不類讚女子者。」

「粉郎姣[3]麗，雲絲覆額時。羨新鶯脆語，社燕嬌飛。香膩勻肌理，把花容廝比，那花容怎比？堪憐處，酒暈[4]雙頤，歌斂輕眉。不解妝喬亂排，儇媚嗔喜都風味。嗏，抹殺那侍屏姬。小小青衣，偏勝著練裙溪女。睡眼覷迷離，

櫻桃笑語微，他是採芳花使。害多少愁愁悶悶，玉樓人意，玉樓人意。」

「春風搖曳，花間擲果歸。看游蜂成隊，粉蝶相隨。記年華三五初交歲，問春情知未？料知情還未。瘦腰如病，不為幽思軟，怯輕風非關憔悴。怕擔不起風流字。嗏，休放過小〔5〕年時。荳蔲含胎，難得東君有主。縱未許卜花期，先把閒情繫柳絲。滿懷心緒，低低偅偅，欲言還住，欲言還住。」

「非桃非李，妝成別樣姿。怪天公何事，變作男兒，是男兒越覺憐人意。把千愁付你，費千愁為你。何必弓鞋，自是凌波，不待蘭膏，自饒香膩。不畫山〔6〕橫翠。嗏，莫說有情癡。看滿座瓊英也，為你紛紛墜。寒月入羅衣，嫦娥也愛玉肌。但花開連夜莫老卻，潛潛等等，弄珠游女，弄珠游女。」

「紅芳初蕊，東風好護持。怪的是游絲拴繫。俗子呼盧，嫩柔條偏惹催花雨。願伊家須記，囑伊家牢記，休得破顏容易。須著意低回，不是千金切休賣與。莫愛閒調戲。嗏，占盡了可憐姿。料半世花星不出身，宮裏巧語妬黃鸝。高歌誤落梅，怕魂勾春睡。快將青鎖重門深閉，重門深閉。」

「願為君影相依倚，豈忍把風情月思，到鶯老花殘又付誰？（元詞【四朝元】不用尾聲。止《荊釵記》有，今從之。）（《補集》卷四，第 1262 冊，第 78 頁）

編者案：〔1〕俞琬綸，明萬曆四年（1576）生，萬曆四十六年（1618）卒，江蘇長洲（今蘇州市）人。

〔2〕「足」，《堅瓠集》作「是」，茲據謝伯陽編《全明散曲》第六冊所錄更正。（參看《全明散曲》，齊魯書社 1994 年版，第 4493～4494 頁）

〔3〕「妓」，《堅瓠集》作「妓」，茲據《全明散曲》更正。

〔4〕「暈」，《堅瓠集》作「量」，茲據《全明散曲》更正。

〔5〕「小」，《全明散曲》作「少」。

〔6〕「山」，《堅瓠集》作「心」，茲據《全明散曲》更正。

# 沈荀蔚

沈荀蔚（1638～1714），字豹文，號亦客、懷南，江蘇太倉（今屬蘇州市）人，寄籍眉州（今四川眉山）。父罹難，轉徙洪雅山中，中秀才。清康熙四年（1665）歸故里。（李峰、湯鈺林編著：《蘇州歷代人物大辭典》，上海辭書出版社2016年版，第385頁）

茲據《知不足齋叢書》所收一卷本《蜀難敘略》輯錄。

## 演傳奇侑酒*

（順治）十六年己亥夏……薄暮，移盛筵，（楊國明）操重寶，就二將奉觴為壽。禮愈卑，詞愈哀，兼奏女樂、演傳奇以侑酒。（第18集）

# 曹家駒

　　曹家駒，字千里，號繭庵，江南華亭（今上海松江）人。清初諸生，享年約八十。與夏完淳友善，又曾與宋際等倡導修築澱闕石塘。（王榮華主編：《上海大辭典》下冊，上海辭書出版社 2007 年版，第 1983 頁）

　　茲據臺灣《筆記小說大觀》所收二卷本《說夢》輯錄。

## 紀陳眉公

　　董思白、陳眉公兩先生，名重海內。然董不過以字畫馳譽，若眉公，則山中宰相。……眉公先生居佘峰。余春秋山行，間一造訪。然先生入城，每匿跡於吳端所天香閣，必遣人覓余。見則甚喜，談久必設果楂餅餌，意殷殷。人有議其泛濫者，余亦在疑信間。由今思之，此老襟度寔是上可陪帝王，下可陪乞兒。然胸中自有分寸，即如晚年九重側席，徵書屢下，而堅臥不出，較之吳康齋（名與弼，字子傅，江西崇仁人）、聶大年，優劣何如？平日於地方利弊，極肯昌言，而於賦役，尤講求不倦。夫肉食者方秦越相視，乃山澤之臞而婆心切切，亦最難得。易簀之時，先出名香二升許，令煎湯沐浴。浴竟披衣，有醫士許龍湫在側，持抱燈榻。許曰：「先生將羽化矣，體甚輕。」隨索紙筆書數語云：「大斂小斂，古禮拘束。後之君子，斂以時服。我其時哉，毋用紈縠。內笑外哭，神情惶惑。不發一聲，靜如空谷。何以貽孫，有書可讀。長為善人，受用永足。」投筆端坐而逝。逝後，余見遠方來松音，皆有魚鳥何依之歎，可以知其平日涵育矣。（卷二，第 4 編，第 5429～5430 頁）

　　編者案：陳繼儒（1558～1639），字仲醇，號眉公，松江府華亭縣（今屬上海）人。明代著名戲曲理論批評家，曾批點湯顯祖《牡丹亭》並撰《批點〈牡丹亭〉

題詞》，另評點、注釋《西廂記》《琵琶記》《幽閨記》《繡襦記》《玉簪記》《紅拂記》《明珠記》《麒麟罽》《中山狼》等多種。

## 《雙真記》

朱雲萊（名國勝，字敬韜，萬曆庚戌進士），天啟時為漕儲道。魏閹（名忠賢）薰灼，雲萊藉其援引，捷升北太常。後閹敗，值錢機翁當國，得免大禍，然從此亦不振矣。家居惟以聲妓自娛，而郡中後輩好譏論之。有張次璧者（名積潤），乃七澤公（名所望，字叔翹，萬曆辛丑進士，山東布政）之子。七澤最善音律，次璧亦以家學自負，乃作一傳奇名《雙真記》。其生名京兆，字敞卿，蓋以自寓也。其旦名惠玄霜。其淨名佟遺萬。佟者，以朱為鄉人也；遺萬，謂其遺臭萬年也，詆斥無所不至。雲萊大恨，訟次璧於官，而七澤公不勝舐犢之愛，力辨其非。陳眉公先生起而解紛，致一書札於當事，請追此板，當堂銷毀，置此事於不問。而持議者並謗及眉公矣。雲萊沒，其子欲躋乃父於鄉賢。時論譁然，傳檄旁午，為鳴鼓之攻，事遂中寢。夫雲萊託足權門，誠不自愛，但其挽漕時，大有造於維桑。每歲白糧北上，嚴禁漕艘凌壓，而京衛梟旗趙思塘，夙為松患，雲萊縛而斃之杖下。此等事盡有力量，何可盡埋沒之。（卷二，第 4 編，第 5439～5440 頁）

## 《擲杯記》

吾郡昔年詞林朱文石（名大韶，字象玄，嘉靖丁未進士，官家宰），古玩充牣，獨苦無子，以弟大英子為嗣。其夫人平湖陸氏，莊簡公（名光祖，字與繩，號五臺，嘉靖丁未進士，官居家宰）之族女也。文石沒後而陸之子姓群來唁，謂夫人曰：「吾輩外姓，不敢冀田園。惟聞有玉杯一雙，願以此為贈。」夫人艴然不與，恨恨而去。後假逋欠冊糧為詞，訟嗣子於官，囑邏卒伺於中途搶去，曰：「玉杯朝至，夕則釋矣。」不得已而以杯獻，而訟事究居負局。後子詠白（名本洽，字叔熙，官至山東副使）中萬曆癸丑進士。此時陸氏亦漸衰，詠白乃具疏鳴父冤，而事已久遠，惟以空文了事，開釋原擬之罪，而後焚黃。人咸悲其志焉。壬戌歲，郡侯張石林菈松，有權略。有妖人馬道戚泰水謀不軌，事發被獲，而陸之子鍾奇與焉，並禁圄圇。後馬戚一孽駢斬南演武場，鍾奇免脫。出獄時，朱僕即捧之去，必欲得杯，一如前陸之所以挾朱者，不三日而杯至。詠白乃掛其父遺像，設奠以杯三酬，隨於階前擲碎之。此杯名曰教子昇天，母龍一、子龍九，製作精巧。客有拾一片示余者，熟玩之，堅結而

古色淋漓。時有諸生許令則（名經，眉公門人）作《擲杯記》。（卷二，第 4 編，第 5440～5441 頁）

## 范文若為陸姓子之疑案

沈繹堂先生（名荃，字貞蕤，號充齋。順治壬辰探花，官詹事，諡文恪）幼孤，流離困頓，轉輾為人乞養。及貴，有人來認為子者，時太夫人尚在堂，世系甚明，乃狂人得心疾而云然，不足為繹堂累。惟海上范文若（名景文，字更生，號香令）一事，終成疑案。文若生而穎異，甫數歲，試童子科，郡守許繩齋（名惟新，字周翰，萬曆己丑進士。山東棠邑人）見其丰姿韶秀，能文善書，應對敏捷，抱置膝上，曰：「世間何物為寶，如此子，乃真寶耳。」後萬曆丙午舉於鄉。先是，文若之父有一妹，嫁於陸，早寡，夫族貧甚，懷娠而歸，依其兄歲餘。陸有老僕經過範後門，見此寡在籬間曬襁褓，遙問曰：「娘子分娩，生男乎女乎？」應之曰：「男也。」此後亦絕不通聞問。迨文若貴，而陸群起而言曰：「此寶陸之遺腹，范固攘以為子耳。」訟之官，而寡婦久物故。范老曰：「妹實產一男，不周歲而死矣。」陸乃引老僕為證，而老僕自隔籬間問答而外，絕不知其後事。官以陸為誣妄，杖而驅之。余謂文若即繼本宗，而棄父姓以從母姓，世多有之。且以文若奇才，正如天花變現，偶出示人，何須問其根荄乎？己未成進士，初任汝上令，繼調秀水光化，凡案牘榜文麗詞秀句，俱匪夷所思。一日謁上官，偶有事涉閨閫，屬其承問，諭之曰：「此等曖昧，不必深求。」答曰：「就是影兒裏的情郎，畫兒裏的愛寵，下吏必要問一明白。」上官不覺失笑。其恃才誕傲如此，以故不能致通顯。里居時，值天暑納涼書室，家人劉貞懷利刃直前洞刺其胸。太夫人聞變往救，並中凶鋒。母子同殞。海上宦家，好收悍僕，而變生肘腋，適以自禍。可畏哉！（卷二，第 4 編，第 5446～5447 頁）

編者案：范文若（1590～1637），字更生，初名景文，上海人。明代戲曲家，作有傳奇《花筵賺》《鴛鴦棒》《夢花酣》。

## 顏佩韋

熹廟時，崔（呈秀）魏（忠賢）播惡，流毒縉紳。外廷之錢索一通，而七君子相繼畢命。周蓼洲先生（名順昌，蘇州人。萬曆丙辰進士，官吏部員外，諡忠介）之不免於禍也。蚤已知之矣。吳民一聞其被逮，無不歎息泣下者，顏佩韋為倡，初但欲執香以送耳。會宣詔之頃，緹騎故張其威。佩韋不覺發怒，

直前搏之，而賈其餘勇者，爭先培擊。上官不能訶止。諸虎狼抱頭鼠竄之不暇矣。先生以扁舟從間道於滸墅關外候之而行，時撫吳者毛孺初（名一鷺，浙江遂安人。萬曆甲辰進士）為閹之私人，急以佩韋等五人上聞。票擬者亦惟恐誅之不速。（卷二，第 4 編，第 5460～5461 頁）

　　編者案：明末清初戲曲家李玉所作傳奇《清忠譜》，敘顏佩韋事。

# 翁洲老民

翁洲老民，姓名不詳。所著《海東逸史》，記明末清初人物。

茲據《續修四庫全書》所收十八卷本《海東逸史》輯錄。

## 王思任

王思任，字季重，號遂東，山陰人，萬曆二十三年進士。歷知興平、當塗、青浦三縣，袁州推官，所至皆被鐫級，稍遷刑工二部主事，出為九江僉事，罷歸。乙酉五月，南都陷，福王走蕪湖，馬士英擁兵奉太妃入浙。思任猶未知福王被擒也，乃上疏太妃，請斬士英。……王既監國，起拜禮部尚書，年七十餘矣。明年六月，紹興破，踉蹌避兵，入雲門山，痛哭而卒。(《紀年》云：城破不食死。《南疆繹史》云：思任已病，避至秦望山丙舍以死。)（卷四，第444冊，第410～411頁）

# 艾衲居士

艾衲居士，亦稱艾衲道士、艾衲老人，真實姓名未詳，清初浙江杭州人。茲據清嘉慶三年（1789）寶寧堂刊本《豆棚閒話》輯錄。

## 范少伯水葬西施

眾少年接口道：「亡國之妖顛倒朝綱，窮奢極欲，至今人說將來，個個痛恨，人人都是曉得的。昨日前村中做戲，我看了一本《浣紗記》，做出西施住居苧蘿山下，范大夫前訪後訪，內中唱出一句說：『江東百姓，全是賴卿卿。』可見越國復得興霸，那些文官武將全然無用，那西施到是第一個功臣。後來看到同范大夫兩個泛湖而去，人都說他俱成了神仙，這個卻不是才色俱備，又成功業，又有好好結果的麼？」老者道：「戲文雖則如此說，人卻另有一個意思。」（卷之二，第 5 頁）

## 朝奉郎揮金倡霸

眾夥計上前把手按住道：「這是套禮，收不得的。過日備戲設席請他後，就返璧了。」……興哥道：「驀生所在，難得他們盛意，備禮答他。」眾夥計道：「只消費二十兩一席戲酒罷了，如何要這許多？」（卷之三，第 5～6 頁）

## 藩伯子散宅興家

老夫人及娘子看見公子浪費不經，再三勸化。公子道：「家中所費值得恁的！清明時節，南莊該我起社，你們上下內外人等乘著車子，隨著驢馬，來看鄉會，才見我費得有致哩！」至日，夫人娘子果到莊上。公子早已喚人搭

起十座高臺，選了二十班戲子，合作十班，在那臺上。有愛聽南腔的，有愛聽北腔的，有愛看文戲的，有愛看武戲的，隨人聚集，約有萬人。半本之間，恐人腹枵散去，卻抬出青蚨三五十筐，喚人望空灑去。那些鄉人成團結塊，就地搶拾，有跌倒的，有壓著的，有喧嚷的，有和哄的，拾來的錢都就那火食擔上吃個饜飽，謂之買春。那戲子出力，做到得意所在，就將綾錦手帕、蘇杭扇子擲將上去，以作纏頭之彩。（卷之四，第 6 頁）

## 虎丘山賈清客聯盟

一個老的，叫做祝三星，年紀將已望七，面皮格縐，眼角眊睜，鬚鬢染得碧綠，腰背半似彎弓。他恃著是個先輩伯伯，卻占著人的先頭。人也厭他，改他三星的號為三節。因他少年人物標緻，唱得清曲，串得好戲，人去邀他，裝腔做勢，卻要接他三次方來，乃是「接請」之「接」。中年喉嗓秕啞，人皆嫌鄙。清明走到人家，推他不去，直到端午中秋方肯轉動，乃是「時節」之「節」。如今老景隳頹，人又另起他個笑話，說小時出身寒簿，乃是呂蒙正上截，中年離披不堪，乃是鄭元和中截，如今老朽龍鍾，溝壑之料，卻是蔡老員外下截，又是「竹節」之「節」。

敬山悄悄挨著管家，輕輕動問，才知是萬曆癸丑科進士，吉安府吉水人，姓劉名謙，官至通政，告致回家。要在蘇州買些文玩骨董，置些精巧對象，還要尋添幾個青秀小子、標緻丫頭，教習兩班戲子哩。（卷之十，第 8、12 頁）

# 王家禎

　　王家禎，字研堂，婁東（今江蘇太倉）人。明末復社著名文人張溥弟子，明崇禎九年（1636）副貢。明亡隱居，清康熙間卒，年逾七旬。著有《研堂見聞雜記》，記江南社事以及南都覆亡前後蘇、常一帶擾攘情況，頗為詳晰。（李峰、湯鈺林編著：《蘇州歷代人物大辭典》，上海辭書出版社 2016 年版，第 67 頁）

　　茲據臺灣《筆記小說大觀》所收一卷本《研堂見聞雜錄》輯錄。

## 祁彪佳聲威*

　　五月十一日，大兵渡江之信方傳，吾鎮即有鄉兵——即無賴子之烏龍會也。自崇禎帝晏駕北都信確，里有點桀者數人，收集黨羽，名「烏龍會」。雖市井賣菜傭人奴不肖，但有拳勇鬥狠，即收名廡下，衣食之。遇屌弱，即齧之必見骨；各置兵器，先造謠言，如魚腹陳勝王故事，謀於八月中大舉。適牌樓市有黨百人，專劫掠里中，劉河廳官兵剿之而散，里人氣沮。會南都立，而巡撫祁公彪佳至，祁為繡衣時，威素著；人各惴惴，緣此不果。（第 10 編，第 2563 頁）

## 作劇詆科場舞弊*

　　科場之事，明季即有以關節進者。……至本朝而益甚。……於是蜚語上聞，天子赫怒，逮繫諸房官。而虞山有陸貽吉，崇禎癸未進士，官給事中，為舉子居間事發，立就獄。明日，腰斬西市，家產入官，妻子長流上陽堡；一子方四、五歲，妻妾皆殊色，間關萬里，匍匐道左，行人為之淚落。同時受禍者，共七、八人，其姓名不能悉詳也。至舉子株及者，亦七、八人，皆

嚴刑搒掠，三木囊頭。陸慶曾子立，雲間名士平泉公之後，家世貴顯，兄弟鼎盛。年五十餘矣，以貢走京師，慕名者皆欲羅致門下，授以關節，遂獲售。亦幽囹圄，拷掠無完膚；一時人士，相為惋惜嗟歎，而其餘則不能悉詳也。南場發榜後，眾大嘩，好事者為詩、為文、為傳奇雜劇，極其醜詆。（第 10 編，第 2598 頁）

## 婁東王氏*

婁東鼎盛，無如琅琊、太原。琅琊自王倬起家少司馬，子忬亦少司馬，被法；忬子世貞、世懋，一為南司寇、一為南奉常。世貞子士騏，為銓曹主事，四代甲科。士騏子慶常，則習為侈汰，恣聲色，先世業蕩盡無餘。子最繁，號圓照、名鑒者，襲蔭為廉州太守，精繪事，犉持名檢。余皆落拓無生產，有入沙門者。其季兩人為優，以歌舞自活。余親見其登場，大為時賞，而司寇之德澤盡矣。世懋子士騄，以孝廉為憲幕。子瑞國，亦孝廉，能守家聲。其子景，字明先，即以狃邪為不法，幾破家。獄經年不解，受榜笞無數，擯之遠郊，不列士類。其餘別後〔疑有脫誤〕如昊字惟夏，為諸生有聲，亦以錢糧事受禍，而奉常之德澤亦衰矣。太原自王文肅起家少保，鼎爵為學憲。文肅子衡，以廷試第二人為編修，早歿。子時敏為奉常。子最眾，次子揆，舉進士；然諸子家漸落，恐亦為強弩之末也。（第 10 編，第 2615 頁）

# 蒲松齡

蒲松齡（1640～1715），字留仙，一字劍臣，號柳泉，山東淄川人。十九歲應童子試，以縣、府、道第一補博士弟子員。後久困場屋，授徒於家數十年。曾遊幕寶應、高郵等地。七十一歲時始援例為歲貢生。著述頗豐，尤以《聊齋誌異》流播廣遠。

茲據中華書局1962年版十二卷會校會注會評本《聊齋誌異》輯錄。

## 林四娘

青州道陳公寶鑰，閩人。……談及音律，（林四娘）輒能剖悉宮商。公遂意其工於度曲。曰：「兒時之所習也。」公請一領雅奏。女曰：「久矣不託於音，節奏強半遺忘，恐為知者笑耳。」再強之，乃俯首擊節，唱伊、涼之調，其聲哀婉。歌已，泣下。公亦為酸惻，抱而慰曰：「卿勿為亡國之音，使人悒悒。」女曰：「聲以宣意，哀者不能使樂，亦猶樂者不能使哀。」……女慷慨而歌，為哀曼之音，一字百轉，每至悲處，輒便哽咽。數停數起，而後終曲，飲不能暢。……視其詩，字態端好，珍而藏之。詩曰：「……高唱梨園歌代哭，請君獨聽亦潸然。」（卷二，第286頁）

## 商三官

故諸葛城，有商士禹者，士人也，以醉謔忤邑豪，豪嗾家奴亂捶之，舁歸而死。……會豪誕辰，招優為戲。優人孫淳攜二弟子往執役。其一王成，姿容平等，而音詞清徹，群讚賞焉。其一李玉，貌韶秀如好女。呼令歌，辭以不稔；強之，所度曲半雜兒女俚謠，合座為之鼓掌。孫大慚，白主人：「此

子從學未久，祇解行觴耳。幸勿罪責。」即命行酒。玉往來給奉，善覷主人意向。豪悅之。（卷三，第 373 頁）

## 李司鑒

李司鑒，永年舉人也。於康熙四年九月二十八日，打死其妻李氏。地方報廣平，行永年查審。司鑒在府前，忽於肉架下，奪一屠刀，奔入城隍廟，登戲臺上，對神而跪。自言：「神責我不當聽信奸人，在鄉黨顛倒是非，著我割耳。」遂將左耳割落，拋臺下。又言：「神責我不應騙人銀錢，著我剁指。」遂將左指剁去。又言：「神責我不當姦淫婦女，使我割腎。」遂自閹，昏迷僵仆。時總督朱雲門題參革褫究擬，已奉俞旨，而司鑒已伏冥誅矣。邸抄。（卷三，第 426 頁）

## 羅剎海市

馬驥，字龍媒，賈人子。美丰姿。少倜儻，喜歌舞。輒從梨園子弟，以錦帕纏頭，美如好女，因復有「俊人」之號。……酒數行，出女樂十餘人，更番歌舞。貌類如夜叉，皆以白錦纏頭，拖朱衣及地。扮唱不知何詞，腔拍恢詭。主人（執戟郎）顧而樂之。問：「中國亦有此樂乎？」曰：「有」。主人請擬其聲，遂擊桌為度一曲。主人喜曰：「異哉！聲如鳳鳴龍嘯，得未曾聞。」……居久之，與主人飲而醉，把劍起舞，以煤塗面作張飛。主人以為美，曰：「請客以張飛見宰相，宰相必樂用之，厚祿不難致。」馬曰：「嘻！遊戲猶可，何能易面目圖榮顯？」主人固強之，馬乃諾。主人設筵，邀當路者飲，令馬繪面以待。未幾，客至，呼馬出見客。客訝曰：「異哉！何前嫗而今妍也！」遂與共飲，甚歡。馬婆娑歌弋陽曲，一座無不傾倒。（卷四，第 454 頁）

## 鼠戲

又言：「一人在長安市上賣鼠戲。背負一囊，中蓄小鼠十餘頭。每於稠人中，出小木架，置肩上，儼如戲樓狀。乃拍鼓板，唱古雜劇。歌聲甫動，則有鼠自囊中出，蒙假面，被小裝服，自背登樓，人立而舞。男女悲歡，悉合劇中關目。」（卷四，第 576 頁）

## 木雕美人

商人白有功言：「在灤口河上，見一人荷竹簏，牽巨犬二。於簏中出木雕

美人，高尺餘，手目轉動，豔妝如生。又以小錦韉被犬身，便令跨坐。安置已，叱犬疾奔。美人自起，學解馬作諸劇，鐙而腹藏，腰而尾贅，跪拜起立，靈變不訛。又作昭君出塞：別取一木雕兒，插雉尾，披羊裘，跨犬從之。昭君頻頻回顧，羊裘兒揚鞭追逐，真如生者。」（卷五，第 609 頁）

## 霍女

朱大興，彰德人。……（霍氏）每苦悶，輒令十數日一招優伶為戲；戲時，朱設凳簾外，抱兒坐觀之。女亦無喜容，數相誚罵，朱亦不甚分解。（卷八，第 1090 頁）

## 顧生

江南顧生，客稷下，眼暴腫，晝夜呻吟，罔所醫藥。十餘日，痛少減。乃合眼時輒睹巨宅，凡四五進，門皆洞闢；最深處有人往來，但遙睹不可細認。……問：「此何所？」曰：「九王世子居。世子瘧疾新瘥，今日親賓作賀，先生有緣也。」言未已，有奔至者，督促速行。俄至一處，雕榭朱欄，一殿北向，凡九楹。歷階而升，則客已滿座。見一少年北面坐，知是王子，便伏堂下。滿堂盡起。王子曳顧東向坐。酒既行，鼓樂暴作，諸妓升堂，演《華封祝》。才過三折，逆旅主人及僕喚進午餐，就床頭頻呼之。耳聞甚真，心恐王子知，遂託更衣而出。……顧驚懼，不敢置辨，疾趨後庭，升殿即坐。見王子頷下添髭尺餘矣。見顧，笑問：「何往？劇本過七折矣。」因以巨觥示罰。移時曲終，又呈齣目。顧點《彭祖娶婦》。……居無何，忽聞鳴鉦鍠鞈，即復驚醒。疑是優戲未畢；開目視之，則旅舍中狗舐油鐺也。然目疾若失。再閉眼，一無所睹矣。（卷八，第 1154 頁）

## 鳳仙

劉赤水，平樂人。……鳳仙終不快，解華妝，以鼓拍授婢，唱《破窯》一折，聲淚俱下；既闋，拂袖徑去，一座為之不歡。（卷九，第 1177 頁）

## 張貢士

安丘張貢士，寢疾，仰臥床頭。忽見心頭有小人出，長僅半尺；儒冠儒服，作俳優狀。唱崑山曲，音調清徹，說白、自道名貫，一與己同；所唱節末，皆其生平所遭。四折既畢，吟詩而沒。張猶記其梗概，為人述之。高西園晬杞園

先生，曾細詢之，猶述其曲文，惜不能全憶。

高西園云：「向讀漁洋先生《池北偶談》，見有記心頭小人者，為安丘張某事。余素善安丘張卯君，意必其宗屬也。一日，晤間問及，始知即卯君事。詢其本末，云：當病起時，所記崑山曲者，無一字遺，皆手錄成冊，後其嫂夫人以為不祥語，焚棄之。每從酒邊茶餘，猶能記其尾聲，常舉以誦客。今並識之，以廣異聞。其詞云：『詩云子曰都休講，不過是都都平丈（相傳一邨塾師訓童子讀論語，字多訛謬。其尤堪笑者，讀「郁郁乎文哉」為「都都平丈我」）。全憑著佛留一百二十行（村塾中有訓蒙要書，名《莊農雜字》。其開章云：佛留一百二十行，惟有莊農打頭強。最為鄙俚）。』玩其語意，似自道其生平寥落，晚為農家作塾師，主人慢之，而為是曲。」（卷九，第 1189 頁）

## 劉夫人

廉生者，彰德人。……一日，堂上設席，一東面，一南面；堂下一筵向西。謂生曰：「明日財星臨照，宜可遠行。今為主價粗設祖帳，以壯行色。」少間，伍亦呼至，賜坐堂下。一時鼓鉦鳴聒。女優進呈曲目，生命唱《陶朱富》。婦笑曰：「此先兆也，當得西施作內助矣。」（卷九，第 1289 頁）

## 樂仲

樂仲，西安人。……仲鰥居二十年，行益不羈：奴隸優伶皆與飲；里黨乞求，不靳與。（卷十一，第 1540 頁）

## 桓侯

荊州彭好士，友家飲歸。……途中始詰姓字，同座者為劉子翬。同行二三里，越嶺，即睹村舍。眾客陪彭並至劉所，始述其異。先是，村中歲歲賽社於桓侯之廟，斬牲優戲，以為成規，劉其首善者也。……馬一日行五百里。抵家，述所自來，人不之信。囊中出蜀物，始共怪之。香草久枯，恰得七莖，遵方點化，家以暴富。遂敬詣故處，獨祀桓侯之祠，優戲三日而返。（卷十二，第 1672 頁）

# 高士奇

高士奇（1643～1702），字澹人，號竹窗、江村，浙江錢塘（今杭州）人。幼好學，能文，以監生就順天鄉試，充書寫序班，工書法。以明珠薦入內廷供奉，授詹事府錄事，遷內閣中書。後，特授詹事府詹事，尋擢禮部侍郎，以母老未赴。為官植黨營私，攬事招權，諂附大臣，以圖分肥，背公行私，贓跡狼藉。休致回籍。著述頗豐，有《左傳紀事本末》《春秋地名考略》《清吟堂全集》《扈從日錄》《松亭行紀》《江村銷夏錄》《北墅抱甕錄》等。事見《清史稿》《清代七百名人傳》等書。

一、據清康熙間刻二卷本《金鼇退食筆記》輯錄。

## 樂成殿

入西苑門，循水南行，有閘瀉池水轉北，別為小池，中設九島三亭。一亭藻井鬪角，為十二面，上貫金寶珠頂，兩金龍盤柱，作升降狀；丹檻碧牖，盡皆侈麗。中設御榻，四面皆梁檻，通小朱扉而出，名涵碧亭。其二亭制少樸，梁檻惟東西達涯際。東有樂成殿，左右檻，各設龍床。殿後小室，亦設御榻，明宣宗遊歷處也。殿右有屋，設石磨石碓二，下激湍水自動。南田穀成，於此春治，故曰樂成。後改殿為無逸，亭曰豳風、曰省耕。每歲秋成，有打稻之戲。駕幸無逸殿，鍾鼓司扮農夫、饁婦及田畯官吏，徵租交納詞訟等事，亦知稼穡艱難之意也。（卷上，第 11 頁）

## 玉熙宮

在西安里門街北、金鼇玉蝀橋之西。明世宗嘉靖四十年十一月辛亥，萬壽宮災，暫御玉熙宮。神宗時，選近侍三百餘名於玉熙宮，學習官戲。歲時

升座，則承應之。各有院本，如《盛世新聲》《雍熙樂府》《詞林摘豔》等詞。又有玉娥兒詞，京師人尚能歌之，名《御製四景玉娥郎》。嚴分宜《聽歌玉蛾兒詞》詩云：「玉蛾不是世間詞，龍艦春湖捧御巵。閭巷教坊齊學得，一聲聲出鳳凰池。」注云：「上命閣臣應製作也。」他如過錦之戲，約有百回。每回十餘人不拘，濃淡相間、雅俗並陳。又如雜劇古事之類，各有引旗一對，鼓吹送上，所扮備極世間騙局俗態，並拙婦騃男及市井商賈刁賴詞訟、雜耍諸項，蓋欲深宮九重之中廣識見、博聰明、順天時、恤民隱也。……明愍帝每宴玉熙宮，作過錦、水嬉之戲。一日宴次，報至汴梁失守，親藩被害。遂大慟而罷，自是不復幸玉熙宮矣。（卷下，第 14 頁）

　　二、據清康熙間刻二卷本《扈從東巡日錄》輯錄。

## 賜宴陳百戲*

　　丙辰告祭昭陵。禮成，皇上御製五言排律十二韻，臣士奇恭和進呈。……是日，賜諸臣宴於盛京大清門，奏樂，陳百戲，恩賜有差。既告成功，復宣大賚。非惟漢廷角抵，實則虞階羽干，觀瞻者無不抃舞云。（卷上，第 24～25 頁）

　　三、據清康熙間刻八卷本《天祿識餘》輯錄。

## 巾舞

　　《樂府原題》公莫舞，即巾舞也。沛公鴻門會宴，項莊舞劍，項伯亦舞，以袖隔之，且語莊曰：「公莫！」言公莫害漢王也。漢人德之，故舞用巾以象項伯衣袖云。（卷之一，第 7 頁）

## 邵半江

　　邵弘治，荊溪人；有「半江帆影落樽前」之句，因號邵半江。嘗作《香囊》傳奇，至「落日下平川」，不能續。其弟應聲曰：「何不云『歸人爭渡喧』乎？」時邵方與弟訟田，大喜，割畀之，今名渡喧田。（卷之二，第 13 頁）

## 玉蓮

　　玉蓮，王梅溪先生十朋之女。孫汝權，宋進士，與梅溪為友，敦尚風誼。

先生劾史浩八罪，汝權實慫惥之。史氏所最切齒，遂妄作《荊釵》傳奇，故謬其事以蔑之。（卷之三，第 8 頁）

## 勾闌

段國《河洲記》：「吐谷渾於河上作橋，謂之河厲。長一百五十步，勾闌甚嚴飾。」《古今注》：「漢顧成廟設扶老勾闌。」勾闌之名始此。王建《宮詞》「風簾水殿壓芙蓉，四面勾闌在水中。」李義山詩：「簾輕幕重金勾闌。」宋世以來，名教坊曰勾闌。（卷之四，第 4 頁）

## 滑稽

滑稽，轉注之器也。凡人言語捷給，應對不窮，似滑稽轉注不已，故呼為滑稽。（卷之四，第 21 頁）

## 揭調

樂府家謂揭調者，高調也。高駢詩：「公子邀歡月滿樓，佳人揭調唱伊州。便從席上西風起，直到蕭關水盡頭。」（卷之六，第 5 頁）

## 六么

古之六博，即今骰子也。《晉（書）·謝艾傳》：「梟者，邀也。六博得邀者勝。」是知梟即骰子之麼也。曲名有【六么序】，義取六博之採。小說云綠腰，又云綠要，皆是妄說。（卷之七，第 12 頁）

## 入破

水調歌凡十一迭，前五迭為歌，第六迭為入破，第十一迭為徹。前後俱七言，惟歌之第五迭乃五言，調聲最怨切。故白樂天詩云：「五言一徧最殷勤，調少情多似有因。不會當時翻麴意，此聲腸斷為何人？」（卷之八，第 11 頁）

## 白翎雀

朔漠之地無他禽，惟鴻雁與白翎雀。鴻雁畏寒，秋南春北。白翎雀雖窮冬沍寒，亦不易處。故元世祖作樂，名曰《白翎雀》。（卷之八，第 18 頁）

# 鈕琇

　　鈕琇（？～1704），原名泌，字書城，號玉樵，江蘇吳江（今屬蘇州市）人。清康熙十一年壬子（1672）拔貢生，由教習考授知縣，歷知河南項城、陝西白水縣。又攝沈邱、蒲城篆，後終廣東高明縣。為人有才略，遇事敢為。項城多曠，土民多以逋賦逃亡。琇悉捐舊逋，具牛種以招徠之，皆復舊業。沈邱獄有淹繫家口歷十七年者，琇至三日盡出之，而後聞於上官，上官深嘉之。於蒲城、高明，則鋤強暴，嚴守禦。有《臨野堂集》及《觚賸》行於世。見《（乾隆）震澤縣志》卷十六、《（同治）蘇州府志》卷一〇六、《（道光）肇慶府志》卷十七、《國朝先正事略》卷三十八、《國朝詩人徵略》卷二十、《晚晴簃詩匯》卷三十九等。

　　茲據《四庫全書存目叢書》所收清康熙三十九年（1700）臨野堂刻八卷本《觚賸》、四卷本《觚賸續編》輯錄。

## 憤僧投池

　　孫俠字商聲，張西廬先生高弟也。詩古文簡潔有法度，性孤冷不喜諧俗。自康熙癸卯西廬遭變後，嘗謂：「斯文既喪，世無可交者。乃與此齷齪輩同其食息，不如無生。」故有「一生不得文章力，百里曾無臭味人」之句。每就硯席，輒怒其館主，不合而去。所著《海棠緣》傳奇，痛詆傖父，蓋以此也。蘇州承天寺僧慕商聲名，厚聘學詩。初至，見其麴房密室，酒氣薰蒸，心已憤憤。閱三月，有貴人攜妓而來，設燕招提，是僧隅坐酗飲。商聲窺視大怒，亟辭之，又不能即出。適見書齋前池水甚清，奮投而死。是年元旦，商聲家祭，懸其故婦之像於堂。童孫侍立其側，指謂商聲曰：「祖母泣而來下矣。」未及半載，果獲此禍。（卷一《吳觚上》，子部第 250 冊，第 17 頁）

## 樵隱

　　黃九煙名周星，性極簡傲，或以詩文就見者，非面加姍侮，則哂而置之。其寓武水也，遇隱士崔金友於市，蚩蚩然肩負擔而口吟哦。黃遽揖之入室，並索觀所著。崔出《樵隱近詠》相示。其五律《書懷》云：「花落無人徑，雲飛到處山。」《訪友》云：「野曠天垂遠，花深月出遲。」《詠螢》云：「撲扇憐兒女，窺書見聖賢。」七律《憶舊》云：「因風去住憐黃蝶，與世浮沉笑白鷗。」《贈友》云：「吟思白社傾佳釀，坐對青山讀異書。」黃不覺驚賞曰：「此真鏗金霏玉之音也！我向所厭薄者，大率皆蛙鳴狗吠耳！」（卷二《吳觚中》，子部第 250 冊，第 18 頁）

　　編者案：黃周星（1611～1680），又名黃人，字景虞、略似，號九煙、半非道人，別號圃庵等，上元（今江蘇南京）人。明末清初戲曲家、戲曲理論家，作有傳奇《人天樂》、雜劇《惜花報》《試館述懷》及戲曲理論著作《製曲枝語》。

## 張麗人

　　麗人姓張氏，其母吳倡也，以善歌轉籍入粵，生麗人。體貌瑩潔，性質明慧，幼即能記歌曲，尤好詩詞。每吟唐人「銅雀春深」之句，自名二喬。客或語：「二喬，雙稱也，不如呼為小喬。」麗人應聲曰：「兼金雙璧，名有相當。」因笑指鏡中影曰：「此亦一喬也。」於是「二喬」之名，豔稱於時。麗人稍長，其母將擇伶之美者贅焉。仙城豪貴，謀為落籍，有以三斛珠挑之者。麗人堅不為動，長歎辭曰：「我母愛我，不可暫離，且已委身字人。蝶粉可污，燕巢終在，不聊勝於入他人手，吼獅換馬，又隨風漂泊哉！年甫及笄，麗人隨諸伶於村墟，賽神作劇，夜宿水二王廟，夢王刻期聘之為妃。醒以語其母，泫然淚下。拍板而歌羅郎《比紅》諸絕，宛轉悲愴。及期，無疾而逝。粵人黎美周志其墓曰：「嗟乎！予知麗人故不屈於勢者，王何由致之？豈洛水凌波，乃符銅雀之讖耶？若夫粉黛何假，美人何真，豔色等空，春花易謝。後之過者，知為麗人埋香處，明月為鏡，清風引簫，好鳥和歌，蛺蝶自舞，徘徊其間，倘有霧鬟風鬢一唱三歎者出焉，能不為傳書之柳毅乎？」（卷三《吳觚下》，子部第 250 冊，第 37 頁）

## 圓圓

　　明崇禎末，流氛日熾，秦豫之間，關城失守，燕都震動，而大江以南，阻於天塹，民物晏如，方極聲色之娛，吳門尤盛。有名妓陳圓圓者，容辭閒雅，

額秀頤豐，有林下風致。年十八，隸籍梨園。每一登場，花明雪豔，獨出冠時，觀者魂斷。維時田妃擅寵，兩宮不協，烽火羽書，相望於道，宸居為之憔悴。外戚周嘉定伯以營葬歸蘇，將求色藝兼絕之女，由母后進之，以紓宵旰憂且分西宮之寵。因出重貲購圓圓，載之以北，納於椒庭。一日侍後側，上見之，問所從來。後對：「左右供御鮮同里順意者，茲女吳人，且嫻昆伎，令侍櫛盥耳。」上制於田妃，復念國事，不甚顧，遂命遣還。故圓圓仍入周邸。（卷四《燕觚》，子部第 250 冊，第 42 頁）

## 文章有本

傳奇演義，即詩歌紀傳之變而為通俗者，哀豔奇恣，各有端家。其文章近於遊戲，大約空中結撰，寄姓氏於有無之間，以徵其詭幻，然博考之，皆有所本。如《水滸傳》三十六天罡，本於龔聖與之《三十六贊》，其贊首呼保義宋江，終撲天雕李應，《水滸》名號，悉與相符。惟易尺八腿劉唐為赤髮鬼，易鐵天王晁蓋為托塔天王，則與龔《贊》稍異耳。《琵琶記》所稱牛丞相即僧孺。僧孺子牛蔚，與同年友鄧敞相善，強以女弟妻之。而牛氏甚賢，鄧元配李氏，亦婉順有謙德。鄧攜牛氏歸，牛、李二人各以門第年齒相讓，結為姊妹。其事本《玉泉子》，作者以歸伯喈，蓋憾其有愧於忠而以不盡孝譏之也。古以孝稱者，莫著於王氏，哀祥其首也。若夫萬里尋親，則《滇南慟哭記》，亦係王紳之事，故近時傳奇行世者，兩孝子皆姓王，豈無所本而命意乎。（《續編》卷一《言觚》，子部第 250 冊，第 99 頁）

## 首尾限字體

余與頻陽李太史天生相晤於薛蘿莊，剪燭論詩，旁及雜體。太史言：「往居雁門，盧制府出限韻春閨題，屬諸賢賦，傅徵君青主以蓋頭『雨絲風片，煙波畫船』八字，為《牡丹亭》曲中語，一笑而罷。然撝管則實難綺靡而妥貼也。」余曰：「琇幼年曾有此作。」隨命小胥抄示。太史曰：「辦加哉！詩審博，惟博故冥搜廣引，妙趣紛披，雖未免割雞牛刀之惜，而成千花塔，造五鳳樓，亦何不可？其勿以少作姑舍。」因遂存之：「雨脂紅染女兒溪，絲幄朱甍舊姓西。風剪巧裁釵作燕，片雲閒織錦成雞。煙銷香篆金猊冷，波動簾紋彩鳳齊。畫閣時攜諸女伴，船浮綠蟻聽鶯啼。」「雨馬聲過柳外溪，絲幰沉醉玉東西。風簾上押垂銀蒜，片錦安籠鬥木雞。煙羃銅溝紅杏發，波縈

瓊澀碧苔齊。畫眉的是金閨鳥，船外樓頭伴妾啼。」「雨屐尋芳傍晚溪，絲
旛簪髻過鄰西。風姨月姊春時酒，片石孤花午後雞。煙薄綃衣珠腕弱，波凌
羅襪玉趺齊。畫橋一自劉郎別，船去天台空鳥啼。」「雨腳初收瑟瑟溪，絲
欄寄恨宋牆西。風塵久隔占晨鵲，片夢難成惱夜雞。煙鎖梨花魂欲斷，波搖
蘋葉影初齊。畫欄十二凝眸處，船望江頭掩淚啼。」「雨墜添瓶水注溪，絲
絲草綠小樓西。風濤幾誤緘書鯉，片羽空憐舞鏡雞。煙炷蠟銷珠淚合，波箋
香膩墨痕齊。畫堂欲寫琵琶怨，船裏青衫莫浪啼。」「雨珠盈掬撒寒溪，絲
線春量日影西。風柳半垂藏水鴨，片花時落打山雞。煙凝瑟戶薰蘭罷，波峭
回欄倚袖齊。畫出江南三月景，船行芳渚鷗鶄啼。」「雨潤如酥羃曉溪，絲
絨刺繡碧緦西。風流解舞銜珠鶴，片段成文吐綬雞。煙裏賭釵香草集，波間
傳札錦鱗齊。畫衣漬盡芳閨恨，船載車量玉筋啼。」「雨燕飛飛下夕溪，絲
籠繡帳憶征西。風綃霧縠飄苟鬊，片紙單書寫庚雞。煙點殘梅妝額就，波涵
纖月影蛾齊。畫屏掩燭春寒淺，船子聲過烏夜啼。」「雨檻星緦倚碧溪，絲
繩彩柱杏園西。風旛暖護探花鳳，片枕寒驚候日雞。煙繞遠山眉黛蹙，波橫
秋水額黃齊。畫樓春曉東風劣，船係垂楊百舌啼。」「雨淋鈴閣唱前溪，絲
鬟難玄日易西。風淡花疏愁裏月，片山孤水夢中雞。煙飄弱絮才如謝，波織
輕紈服似齊。畫戟朱門夫壻在，船歸封寄數行啼。」（《續編》卷一《言舠》，
子部第 250 冊，第 109～110 頁）

## 英雄舉動

　　熊公廷弼當督學江南時，試卷皆親自批閱。閱則連長几於中堂，鱗攤諸
卷於上，左右置酒一壇，劍一口，手操不律，一目數行。每得佳篇，輒浮大
白，用志賞心之快，遇荒繆者，則舞劍一回，以抒其鬱。凡有儁才宿學，甄
拔無遺。吾吳馮夢龍，亦其門下士也。夢龍文多遊戲，《掛枝兒》小曲，與《葉
子新鬥譜》，皆其所撰。浮薄子弟，靡然傾動，至有覆家破產者。其父兄群起
訐之，事不可解。適熊公在告，夢龍泛舟西江，求解於熊。相見之頃，熊忽
問曰：「海內盛傳馮生《掛枝兒》曲，曾攜一二冊以惠老夫乎？」馮局蹐不敢
置對，唯唯引咎，因致千里求援之意。熊曰：「此易事，毋足慮也。我且飯子，
徐為子籌之。」須臾，供枯魚焦腐二簋，粟飯一盂。馮下箸有難色。熊曰：
「晨選嘉肴，夕謀精粲，吳下書生大抵皆然，似此草具，當非所以待子。然
丈夫處世，不應於飲食求工，能飽餐纇糲者，真英雄耳。」熊遂大恣咀啖，

馮啜飯匕余而已。熊起入內，良久始出曰：「我有書一緘，便道可致我故人，毋忘也。」求援之事並無所答，而手挾一冬瓜為贈。瓜重數十斤，馮傴僂祗受，然意甚怏怏，且力不能勝，未及舟，即委瓜於地，鼓棹而去。行數日，泊一巨鎮，熊故人之居在焉。書投未幾，主人即躬謁馮，延至其家，華筵奇羞，妙妓清歌，呫嗟而辦。席罷，主人揖馮曰：「先生文章霞煥，才辯珠流。天下之士，莫不延頸企踵，願言覯止。今幸親降玉趾，是天假鄙人以納履之緣也。但念吳頭楚尾，雲樹為遙，荊柴陋宇，豈足羈長者車轍哉。敬備不腆，以犒從者，先生其毋辭。」馮不解其故，婉謝以別，則白金三百，蚤昇致舟中矣。抵家後，熊飛書當路，而被訐之事已釋。蓋熊公固心愛猶龍子，惜其露才炫名，故示菲薄，而行李之窮，則假途以厚濟之；怨謗之集，則移書以潛消之。英豪舉動，其不令人易測如此。（《續編》卷二《人觚》，子部第 250 冊，第 114～115 頁）

# 吳儀一

　　吳儀一，又名吳人，字舒鳧，又字瑤符，號吳山，別署芝塢居士，浙江錢塘（今杭州）人。髫年入國子監，名滿都下。二十為人師，經史子集，一覽成誦。性善飲，與洪昇友善。

　　茲據上海書店 1991 年版《香艷叢書》所收一卷本《三婦評〈牡丹亭〉雜記》迻錄。

## 三婦評《牡丹亭》雜記

　　吳人初聘黃山陳氏女同，將昏而沒。感於夢寐，凡三夕，得倡和詩十八篇。人作《靈妃賦》，頗泄其事，夢遂絕。有邵媼者，同之乳母也，來述同沒時，泣謂媼必詣姑所，言同薄命，不逮事姑，嘗為姑手製履一雙，令獻之。人私叩同狀貌服飾，符所夢。媼又言：同病中猶好觀覽書籍，終夜不寢。母憂其茶也，悉索篋書燒之，僅遺枕函一冊，媼匿去，今尚存也。人許一金相購，媼忻然攜至，是同所評點《牡丹亭還魂記》。上卷密行細字，塗改略多，紙光囧囧，若有淚跡。評語亦癡亦點，亦元亦禪，即其神解，可自為書，不必作者之意果然也。惜下卷不存，對之便生於邑。已娶清溪談氏女則，雅耽文墨，鏡奩之側，必安書籠。見同所評，愛玩不能釋。人試令背誦，都不差一字。暇日，仿同意補評下卷，其杪芒微會，若出一手，弗辨誰同誰則。嘗記人十二歲時，偕眾名士集毛丈稚黃齋，客偶舉臨川「恨不得肉兒般團成一片」語為創獲。人笑應曰：「此特衍《詩》義耳。詩不云乎：『聊與子如一兮。』」遂解眾頤。諸子虎男載之《橘苑雜紀》。今視二女評，人語直糟粕矣。則既評竟，抄寫成帙，不欲以閨閣名聞於外，間以示其姊之女沈歸陳者，謬言是人

所評。沈方延老生徐丈野君譚經。徐丈見之，謂果人評也，作序詒人。於時遠近聞者，轉相傳訪，皆云吳吳山評《牡丹亭》也。則又沒十餘年，人繼娶古蕩錢氏女宜。初僅識《毛詩》字，不甚曉文義，人令從崑山李氏妹學。妹教以《文選》《古樂苑》《漢魏六朝詩乘》《唐詩品匯》《草堂詩餘》諸書。三年而卒業，啟鑰得同、則評本，怡然解會，如則見同本時。夜分燈炧，嘗敧枕把讀。一日忽忽不懌，請於人曰：「宜昔聞小青者，有《牡丹亭》評跋，後人不得見，見『冷雨幽窗』詩，淒其欲絕。今陳姊評已逸其半，談姊續之，以夫子故，掩其名久矣。苟不表而傳之，夜臺有知，得無秋水燕泥之感？宜願典金釵為梨棗資。」意甚切也，人不能拂，因序其事。吳人舒鳧書。

坊刻《牡丹亭還魂記》，多標「玉茗堂元本」者。予初見四冊，皆有訛字及曲白互異之句，而評語率多俚陋可笑。又見刪本三冊，惟山陰王本有序，頗雋永，而無評語。又呂、臧、沈、馮改本四冊，則臨川所譏「割蕉加梅，冬則冬矣，非王摩詰冬景也」。後從嫂氏趙家得一本，無評點，而字句增損，與俗刻迥殊，斯殆玉茗定本矣。爽然對玩，不能離手。偶有意會，輒濡毫疏注數言。冬釭夏簟，聊遣餘閒，非必求合古人也。

《還魂記》賓白，間有集唐詩，其落場詩，則無不集唐者。元本不注詩人姓氏，予記憶所及，輒為注之。至於詩句中，多有更易字者，如「莫遣兒童觸瓊粉」，作「紅粉」；「武陵何處訪仙鄉」，作「仙郎」。雖於本詩意刺謬，既義取斷章，茲亦不復批摘也。

右二段，陳姊細書臨川序後，空格七行，內自述評注之意，共二百四十字，碎金斷玉，對之黯然。談則書。

向見《牡丹亭》諸刻本，《詰病》一折，無落場詩，獨陳姊評本有之。而他折字句亦多異同，靡不工者，洵屬善本。每以下卷闕佚，無從購求為怏怏。適夫子游苕霅間，攜歸一本，與陳姊評本出一板所摹。予素不能飲酒，是日喜極，連傾八九瓷杯，不覺大醉。自晡時臥至次日，日射幔鉤猶未醒。鬥花賭茗，夫子嘗舉此為笑噱。於時南樓多暇，仿姊意評注一二，悉綴貼小籤，勿敢自信。積之累月，紙墨遂多。夫子過泥予，迂許可與姊評等埒，因合抄入苕溪所得本內，重加裝潢，循環展覽。笑與抃會，率爾題此。談則又書。

同語二段，則手鈔之，復自題二段於後。後以評本示女甥，去此二頁，折迭他書中，予弗知也。沒後，點檢不得，思之輒增悵惘。今七夕曬書，忽從《庾子山集》第三本翻出，楮墨猶新，映然獨笑。又念同孤冢埋香，奄冉

十三寒暑，而則戚身女手之卷，亦已三度秋期矣。悵望星河，臨風重讀，不禁淚潸潸下也。吳人記。

此夫子丁巳七月所題。計余是時才七齡耳，今相距十五稔，二姊墓樹成圍，不審泉路相思，光陰何似？若夫青草春悲，白楊秋恨，人間離別，無古無今。茲辰風雨淒然，牆角綠萼梅一株，昨日始花，不禁憐惜。因向花前酹酒，呼陳姊、談姊魂魄，亦能識梅邊錢某，同是斷腸人否也？細雨積花蕊上，點滴如淚，既落復生，盈盈照眼，感而書此。壬申晦日，錢宜記。

夫子嘗以《牡丹亭》引證風雅，人多傳誦。談姊鈔本採入，不復標明，今加「吳曰」別之。予偶有質疑，間注數語，亦稱「錢曰」，不欲以蕭艾云云，亂二姊之蕙心蘭語也。若序目所注，則無庸識別焉。宜又書。

或問吳山曰：「《禮》：『女未廟見而死，婦葬於女氏之黨，示未成婦也。』子於陳未娶也，而評《牡丹亭》概稱『三婦』，何居？」曰：廟見而成婦，謂子婦也，非夫婦之謂也。女之稱婦，自納采時已定之，而納徵則竟成其名。故納采辭曰：「吾子自惠貺室某。」室者，婦人之稱。納徵則曰：「徵者，成也。」至是而夫婦可以成也。禮：「娶女有吉日，而女死婿齊衰而弔，既葬而除之。夫死亦如之。」女之可夫，猶婿之可婦矣，夫何傷於禮歟？

或曰：「曲有格，字之多寡，聲之陰陽去上限之，或文義弗暢，衍為襯字。限字大書，襯字細書，俾觀者了然，而歌者有所循。坊刻《牡丹亭記》往往如此。今於襯字，何概用大書也？」曰：元人北曲多襯字，概用大書，南曲何獨不然。襯字細書，自吳江沈伯英輩始斤斤焉，古人不爾也。予嘗聞歌《牡丹亭》者，「嫋晴絲吹來閒庭院」，格本七字，而歌者以「吹來」二字作襯，僅唱六字，具足情致。神明之道，存乎其人。況玉茗元本，本皆大書，無細書襯字也。

或謂：「《牡丹亭》多落調出韻，才人何乃許耶？」曰：古曲如《西廂》「人值殘春蒲郡東」「才高難入俗人機」，「值」字、「俗」字作平則拗。《琵琶》支、虞、歌、麻、且諸韻互押，若僅僅韻調而乏斐然之致，與歌工之乙尺四合無異，曷足貴乎？曰：「子嘗論評曲家，以西河大可氏《西廂》為最。今觀毛評，亟稱詞例。《牡丹亭》韻調之失，何不明注之也？」吳山曰：然。不嘗論說詩者乎？意義訛舛，大家宜辨。若一方名、一字畫偶有互異，必旁搜群籍，證析無已。此博物者事，非閨閣務矣。聲律之學，韻譜具在。故陳未嘗注，談亦仿之。予將取所用音調、故實、方語、詩詞曲並語有費說者，學西

河論釋例，別為書云。

或問曰：「有明一代之曲，有工於《牡丹亭》者乎？」曰：明之工南曲，猶元之工北曲也。元曲傳者無不工，而獨推《西廂記》為第一。明曲有工有不工，《牡丹亭》自在無雙之目矣。

或曰：「子論《牡丹亭》之工，可得聞乎？」吳山曰：為曲者有四類：深入情思，文質互見，上也；審音協律，雅尚本色，次也；吞剝坊言讕語，專事雕章逸辭，案頭場上，交相為譏，下此無足觀矣。《牡丹亭》之工，不可以是四者名之。其妙在神情之際，試觀《記》中佳句，非唐詩即宋詞，非宋詞即元曲。然皆若若士之自造，不得指之為唐，為宋，為元也。宋人作詞，以運化唐詩為難。元人作曲亦然。商女後庭，出自牧之；曉風殘月，本於柳七。故凡為文者，有佳句可指，皆非工於文者也。

或曰：「賓白何如？」曰：嬉笑怒罵，皆有雅致。宛轉關生，在一二字間。明戲本中故無此白。其冗處亦似元人，佳處雖元人勿逮也。

或問「坊刻《牡丹亭》本，《婚走》折，舟子又有『秋菊春花』一歌；《淮警》《御淮》二折，有『箭坊』『鎖城』二諢，何此本獨無也？」曰：舟子歌，乃用唐李昌符《婢僕詩》。其一章云：「春娘愛上酒家樓，不怕歸遲總不憂。推道那家娘子臥，且留教住要梳頭。」言外有春日載花、停船相待之意。二章云：「不論秋菊與春花，個個能嗜空腹茶。無事莫教頻入庫，一名閒物要些些。」則與舟子全無關合，當是臨川初連用之，後於定本削去。至以「賤房」為「箭坊」，及「外面鎖住李全」「裏面鎖住下官」諸語，皆了無意致，宜其並從芟柞也。

臨川曲白，多用唐宋人詩詞，不能悉為引注。覽古者當自得之。即「尋夢」二字，亦出唐詩，乃評者往往驚為異想，遼豕白頭，抑何可怪耶？

或問「《記》中雜用『哎喲』『哎也』『哎呀』『咳呀』『咳也』『咳咽』諸字，同乎？異乎？」曰：字異而義略同；字同而呼之有輕重疾徐，則義各異。凡重呼之為厭辭，為惡辭，為不然之辭；輕呼之為幸辭，為嬌羞之辭；疾呼之為惜辭，為驚訝辭；徐呼之為怯辭，為悲痛辭，為不能自支之辭。以此類推，神理畢現矣。

或曰：「《牡丹亭》集唐詩，往往點竄一二字，以就己意，非其至也。」曰：何傷也。孔孟之引詩，有更易字者矣。至《左傳》所引，皆非詩人之旨，引詩者之旨也。曰：「落場詩皆集唐，何但注而不標也？」曰：既已無不集唐，故

玉茗元本，不復標集唐字也。落場詩不注爨色，亦從元本。

或問：「若士集詩，腹笥乎？獺祭乎？」曰：不知也。雖然，難矣！

陳於上卷未注三句，談補之。談於下卷亦未注一句，錢疏之。予涉獵於文，既厭翻檢，而錢益睹記寡陋。唐人詩集，以及《類苑》《紀事》《萬首絕句》諸本，篇章重出，名字互異，不一而足。錢偶有所注，詿漏實多，它如「來鵠」或云「來鵬」，「崔魯」一作「崔櫓」；「誰能譚笑解重圍」，皇甫冉句也，訛刻劉長卿；「微香冉冉淚涓涓」，李商隱詩也，謬為孫逖。不勝枚舉，皆不復置辨，覽者無深擪掎焉。

或問：「若士復羅念庵云：『師言性，弟子言情。』而《還魂記》用顧況『世間只有情難說』之句，其說可得聞乎？」曰：人受天地之中以生，所謂性也。性發為情，而或過焉，則為欲。書曰「生民有欲」是也。流連放蕩，人所易溺。《宛邱》之詩，以歌舞為有情，情也而欲矣。故《傳》曰：「男女飲食，人之大欲存焉。」至浮屠氏以知識愛戀為有情，晉人所云「未免有情」，類乎斯旨。而後之言情者，大率以男女愛戀當之矣。夫孔聖嘗以好色比德，詩道性情、國風好色、兒女情長之說，未可非也。若士言情，以為情見於人倫，倫始於夫婦。麗娘一夢所感，而矢以為夫，之死靡忒，則亦情之正也。若其所謂因緣死生之故，則從乎浮屠者也。王季重論玉茗四夢：「《紫釵》，俠也；《邯鄲》，仙也；《南柯》，佛也；《牡丹亭》，情也。」其知若士言情之旨矣。

宜按：洵有情兮，是千古言情之祖。陶元亮效張、蔡為《閒情賦》，專寫男女，雖屬託諭，亦一徵也。

或者曰：「死者果可復生乎？」曰：可。死生一理也。聖賢之形，百年而萎，同乎凡民，而神常生於天地，其與民同生死者，不欲為怪以惑世也。佛、老之徒，則有不死其形者矣。夫強死者尚能厲，況自我死之，自我生之。復生亦奚足異乎？予最愛陳女評《牡丹亭·題辭》云：「死可以生，易；生可與死，難。」引而不發，其義無極。夫恒人之情，鮮不謂疾疢所感。溝瀆自經，死則甚易；明冥永隔，夜臺莫旦，生則甚難。不知聖賢之行法俟命，全而生之，全而歸之，捨生取義，殺身成仁，一也。孔子曰：「朝聞道，夕死可矣！」又曰：「原始反終。」故知死生之說，死不聞道，則與百物同澌絕耳。古來殉道之人，皆能廟享百世。匹夫匹婦，凜乎如在。死耶生耶，實自主之。陳女茲評，黯與道合，不徒佛語涅槃，老言谷神也。

或又曰：「臨川言『理之所必無，情之所必有』，理與情二乎？」曰：非

也，若士言之而不欲盡也。情本乎性，性即理也。理貫天壤，彌六合者也。言理者，莫如六經；理不可通者，六經實多。無論元鳥降生，牛羊腓字，其跡甚怪；即以夢言，如商賚良弼，周與九齡，孔子奠兩楹，皆非情感。《周禮》掌夢、獻夢，理解傅會；左氏所紀，益荒忽不倫已。然則世有通人，雖謂情所必無，理所必有，其可哉？

或問「若士言『夢中之情，何必非真』，何謂也？」曰：夢即真也。人所謂真者，非真也，形骸也。雖然，夢與形骸未嘗貳也。不觀夢構而精遺，夢撃躍而手足動搖乎？形骸者，真與夢同，而所受則異。不聲而言，不動而為，不衣而衣，不食而食，不境而無所不之焉。夢之中又有夢，故曰：天下豈少夢中之人也。

嘗與夫子論夢境。夫子曰：「吾其問諸焦冥乎？眼睫一交，已別是一世界。古德教人參睡著無夢時，便似鴻蒙混沌也。」予謂：「按頤則驚，拊心則魘，此處大可觀夢。」夫子頷之。又一日論夢，夫子曰：「晝與夜，死生之道也。醒與夢，人鬼之道也。」予曰：「其寐也，綿綿延延，如微雲之出岫，若不遽然。其寢也，千里一息，捷如下峽之船。何也？」夫子曰：「陽見而陰伏，故出難而歸速。」

或稱：「評論傳奇者，類作鄙俚之語，以諧俗目。今《牡丹亭》評本，文辭雅雋，恐觀者不皆雅人，如臥聽古樂也。」曰：是何輕量天下也！天下不皆雅人，亦不絕雅人，正使萬俗人譏，不足恨；恨萬俗人賞，一雅人譏耳。

或曰：「子所謂抄入苕溪本者，嘗見之矣。陳評上卷，可得見乎？」吳山悄然而悲，喟然而應之曰：癸丑之秋，予館黃氏。鄰火不戒，盡燔其書。陳之所評，久為灰塵，且所謂苕溪本者，今亦亡矣。曰：「何為其亡也？」曰：癸酉冬日，錢女將謀剞劂，錄副本成。日暮微霰，燒燭煻酒，促予檢校。漏下四十刻，寒氣薄膚，微聞折竹聲，錢謂此時必大雪矣。因共出，推窗見庭樹枝條積玉堆粉。予手把副本臨風狂叫，竟忘室中燭花爆落紙上，煙達簾外，回視焰焰然不可向邇。急挈酒甕傾潑之，始熄。復簇爐火然燈，酒縱橫流地上，漆幾焦爛，燭臺融錫，與殘紙煨爐團結不能解。因歎陳本既災，而談本復罹此厄，豈二女手澤，不欲留於人世，精靈自為之耶？抑有鬼物妒之耶？殘釭欲炧，雪光易曉，相對凄然。久之，命奴子坎牆陰梅樹旁，以生絹包爐團瘞之。至今留焦幾，志予過焉。

李玉山曰：「瘞爐團，留焦幾，皆雅事可傳。」

　　或曰：「女三為粲，美故難兼。徐淑、蘇蕙，不聞繼媺，韋叢、裴柔，亦止雙絕。子聘三室而秘思妍辭，後先相映，樂乎，何遇之奇也？抑世皆傳子評《牡丹亭》矣，一旦謂出三婦手，將無疑子為捉刀人乎？」吳山曰：疑者自疑，信者自信。予序已費辭，無為復也。且詩云：「人知其一，莫知其他。」其斯之謂與？予初聘陳，曾未結縭，夭閼不遂；談也三歲為婦，炊臼邊徵；錢復清瘦善病，時時臥床殆不起。予又好遊，一年三百六十日，無幾日在家相對。子以為樂乎否也？

　　右或問十七條。夫子每與座客談論所及，記以示余，因次諸卷末。是日晚飯時，予偶言言情之書都不及經濟。夫子曰：「不然。觀《牡丹亭記》中『騷擾淮揚地方』一語，即是深論天下形勢。蓋守江者必先守淮，自淮而東，以楚泗、廣陵為之表，則京口、秣陵得以遮蔽；自淮而西，以壽盧、歷陽為之表，則建康、姑熟得襟帶長江，以限南北，而長淮又所以蔽長江。自古天下裂為南北，其得失皆在於此。故金人南牧，必先騷擾其間。宋家策應，亦以淮揚為重鎮，授杜公安撫也。非經濟而何？」因顧謂兒子向榮曰：「凡讀書一字一句，當深繹其意，類如此。」甲戌秋分日錢宜述。

　　甲戌冬暮，刻《牡丹亭還魂記》成，兒子校讎訛字，獻歲畢業。元夜月上，置淨几於庭，裝褫一冊，供之上方。設杜小姐位，折紅梅一枝，貯膽瓶中。然燈，陳酒果為奠。夫子忻然笑曰：「無乃太癡！觀若士自題，則麗娘其假託之名也，且無其人，奚以奠為？」予曰：「雖然，大塊之氣寄於靈者。一石也，物或憑之；一木也，神或依之。屈歌湘君，宋賦巫女，其初未必非假託也，後成叢祠。麗娘之有無，吾與子又安能定乎？」夫子曰：「汝言是也。吾過矣。」夜分就寢，未幾，夫子聞予歎息聲，披衣起，肘予曰：「醒醒！適夢與爾同至一園，彷彿如所謂紅梅觀者，亭前牡丹盛開，五色間錯，無非異種。俄而一美人從亭後出，豔色眩人，花光盡為之奪。意中私揣：是得非杜麗娘乎？汝叩其名氏、居處，皆不應。回身摘青梅一丸撚之。爾又問：若果杜麗娘乎？亦不應，銜笑而已。須臾大風起，吹牡丹花滿空飛攪，余無所見。汝浩歎不已，予遂驚寤。」所述夢，蓋與予夢同，因共詫為奇異。夫子曰：「昔阮瞻論無鬼而鬼見。然則麗娘之果有其人也，應汝言矣。」聽麗譙紞紞如打五鼓，嚮壁停燈未滅。予亦起，呼小婢簇火瀹茗。梳掃訖，急索楮筆紀其事。時燈影微紅，朝暾已射東牖。夫子曰：「與汝同夢，是非無因。麗娘故見此貌，得毋欲流傳人世耶？汝從李小姑學，尤求白描法，盍想像圖

之？」予謂：「恐不神似，奈何？」夫子乃強促握管。寫成，並次記中韻系以詩。詩云：「覿遇天姿豈偶然？濡毫摹寫當留仙。從今解識春風面，腸斷羅浮曉夢邊。」以示夫子，夫子曰：「似矣。」遂和詩云：「白描真色亦天然，欲問飛來何處仙？閒弄青梅無一語，惱人殘夢落花邊。」將屬同志者咸和焉。錢宜識。

李玉山曰：「予應兄嫂教，有和句云：『因夢為圖事邈然，牡丹亭畔一逢仙。可知當日懷春意，猶在青青梅子邊。』如鸚鵒學人言，不惟不工，亦不似也。」

或謂水墨人物，昉自李伯時，非也。晉衛協為《列女圖》，吳道子嘗摹之以勒石，則已是白描法矣。龍眠墨筆仕女，仿也，非昉也。予與吳氏三夫人為表姊娌，嘗見其藏有《韓冬郎偶見圖》四幅，不設丹青，而自然逸麗，比世所傳宋畫院陳居中摹《崔麗人圖》，殆於過之。惜其不署姓名，或云是吳中尤求所臨。今觀錢夫人為杜麗娘寫照，其姿神得之夢遇，而側身斂態，運筆同居中法。手搓梅子，則取之《偶見圖》第一幅也。昔人論管仲姬墨竹梅蘭無一筆無所本，蓋如此。乙亥春日馮嫻跋。

吳山四兄，聘陳嫂，娶談嫂，皆蚤夭。予每讀其所評《還魂記》，未嘗不泫然流涕，以為斯人既沒，文采足傳。而談嫂故隱之，私心欲為表章，以垂諸後。四兄故好遊，談嫂沒十三年，朱弦未續。有勸之者，輒吟微之「取次花叢懶回顧，半緣修道半緣君」之句。母氏迫之，始復娶錢嫂。嘗與予共事筆硯，酬花嘯月之餘，取二嫂評本參注之。又請於四兄，典金釵雕板行世。予偶憶吳都張元長氏《梅花草堂二談》載：「俞娘行三，麗人也。年十七夭。當其病也，好觀文史。一日見《還魂傳》，黯然曰：『書以達意，古來作者多不盡意而出。若生不可死，死不可生，皆非情之至，真達意之作矣。』研丹砂旁注，往往自寫所見，出人意表。如《感夢》折注云：『吾每喜睡，睡必有夢，夢則耳目未經涉，皆能及之。杜女故先吾著鞭耶。』如斯俊語，絡繹連篇。其手跡遒媚可喜。某嘗受冊其母，請秘為草堂珍玩，母不許。急錄一副本，將上湯先生。謝耳伯願為郵，不果。上虞山錢受之。近取《西廂》公案參倒洞聞、漢月諸老宿，請俞娘本戲作《傳燈錄》甚急，某無以應也。由此觀之，俞娘之注《牡丹亭》也，當時多知之者，其本竟湮沒不傳。夫自有臨川此記，閨人評跋，不知凡幾，大都如風花波月，飄泊無存。今三嫂之合評，獨流佈不朽，斯殆有幸有不幸耶！然二談所舉俞娘俊語，以視三嫂評注，不

翅瞠乎？則不存又何非幸耶？合評中詮疏文義，解脫名理，足使幽客啟疑，枯禪生悟。恨古人不及見之，洵古人之不幸耳。錢嫂夢睹麗娘，紀事、寫像、詠詩，又增一則公案。予亦樂為論而和之，並識其後，自幸青雲之附云。玉山小姑李淑謹跋。

《牡丹亭》一書，經諸家改竄，以就聲律，遂致元文剗落，一不幸也。又經陋人批點，全失作者情致，二不幸也。百餘年來，誦此書者，如俞娘、小青，閨閣中多有解人。又有賦害殺婁東俞二娘者，惜其評論，皆不傳於世。今得吳氏三夫人合評，使書中文情畢出，無纖毫遺憾，引而伸之，轉在行墨之外，豈非是書之大幸耶？文章有神，其足以傳後者，自有後人與之神會。設或陳夫人評本殘缺，無談夫人續之；續矣而秘之篋笥，無錢夫人參評，又廢首飾以梓行之，則世之人能誦而不能解，雖再閱百餘年，此書猶在塵霧中也。今觀刻成，而麗娘見形於夢，我故疑是作者化身矣。同里女弟顧姒題。

吳與予家為通門，吳山四叔，又父之執也。予故少小以叔事之，未嘗避匿。憶六齡時，僑寄京華，四叔假舍焉。一日論《牡丹亭》劇，以陳、談兩夫人評語引證禪理，舉似大人。大人歎異不已。予時蒙稺，無所解，惟以生晚不獲見兩夫人為恨。大人與四叔持論，每不能相下。予又聞論《牡丹亭》時，大人云：「肯綮在死生之際。《記》中《驚夢》《尋夢》《診祟》《寫真》《悼殤》正〔五〕折，自生而之死；《魂遊》《幽構》《歡撓》《冥誓》《回生》五折，自死而之生。其中搜抉靈根，掀翻情窟，能使赫蹏為大塊，隃糜為造化，不律為真宰，撰精魂而通變之。」語未畢，四叔大叫歎絕。忽忽二十年，予已作未亡人。今大人歸里，將於孤嶼築稗畦草堂，為吟嘯之地。四叔故好西方《止觀經》，亦將歸吳山草堂，同錢夫人作龐老行徑。他時予或過夫人習靜，重聞緒論，即許拈此劇，參悟前因否也？因讀三夫人合評，感而書其後。同里女侄洪之則謹識。

甲戌長夏，曬書檢得舊竹紙半幅，乃陳姊彌留時所作斷句，口授妹書者。夫子云：「陳沒九年後得諸其妹婿。」妹亦亡二年矣。竹帋斜裂，僅存後半，因鍥夫子《還魂記》。或問上方空白，感其昔時閒論《牡丹亭》之句，附錄於此，俾零膏剩馥，採香奩者猶得採摭焉。第二行「北風吹夢」四字，二行「恰如殘醉欲醒時」七字，是末句也。以後皆一行二十一字，一行七字相間，凡九首。三行下缺二字，其文云：「也曾枯坐閱金經，不斷無明為有形。及到懸崖須□□，如何煩惱轉嬰寧？」按：闕文疑是「撒手」二字。次云：「孱子裁

羅二寸餘，帶兒折半裹猶疏。情知難向黃泉走，好借天風得步虛。」次云：
「家近西湖性愛山，欲遊娘卻罵癡頑。湖光山色常如此，人到幽扃更不還。」
次云：「簇蝶臨花繡作衣，年年不著待於歸。那知著向泉臺去，花不生香蝶不
飛。」次云：「盡檢箱奩付妹收，獨看明鏡意遲留。算來此物須為殉，恐向人
間覆照愁。」次云：「爺娘莫為女傷情，姊嫁仍悲墓草生。何似女身猶未嫁，
一棺寒雨傍先塋。」次云：「看儂形欲與神離，小婢情多亦淚垂。金珥一雙留
作念，五年無日不相隨。」次云：「口角渦斜痰滿咽，涓涓清淚灑紅綿。傷心
趙嫂牽羹語，多半啼痕是來年。」次云：「昔時閒論《牡丹亭》，殘夢今知未
易醒。自在一靈花月下，不須留影費丹青。」按：談姊《南樓集》，載補陳姊
缺文一首云：「北風吹夢欲何之，簾幕重重只自垂。一縷病魂消未得，卻如殘
醉欲醒時。」予亦有補句云：「北風吹夢斷重吹，一枕餘寒心自疑。添得五更
消渴甚，卻如殘醉欲醒時。」自顧形穢，難免續貂之誚矣。

　　跋

　　　　臨川《牡丹亭》數得閨閣知音，同時內江女子，因慕才而至沉
　　淵。茲吳吳山三婦，復先後為之評點校刊。豈第玉簫象管，出佳人
　　口已哉！近見吾鄉某氏閨秀，又有手評本，玉緻珠編，不一而足。
　　身後佳話，洵堪驕視千古矣。丙申長夏震澤楊復吉識。（一集卷四，
　　第 217～236 頁）